Gustav Friedrich Hertzberg

Kurze Übersicht über die Geschichte der Universität in Halle a. S.

bis zur Mitte des 19. Jahrhunderts

Gustav Friedrich Hertzberg

Kurze Übersicht über die Geschichte der Universität in Halle a. S.
bis zur Mitte des 19. Jahrhunderts

ISBN/EAN: 9783743612846

Hergestellt in Europa, USA, Kanada, Australien, Japan

Cover: Foto ©ninafisch / pixelio.de

Manufactured and distributed by brebook publishing software (www.brebook.com)

Gustav Friedrich Hertzberg

Kurze Übersicht über die Geschichte der Universität in Halle a. S.

Kurze Übersicht
über
die Geschichte der
Universität in Halle a. S.
bis zur
Mitte des 19. Jahrhunderts

von

Prof. Dr. Gustav Hertzberg.

Halle a. S.,
Verlag von Ed. Anton
1894.

Vorwort.

Diese kleine Schrift ist aus der Verschmelzung und Überarbeitung von zwei Vorträgen entstanden, die im Hinblick auf das bevorstehende Säkularfest unserer Universität zu halten, ich während des vergangenen Winters veranlaßt war. Sie ist in erster Reihe für solche Leser bestimmt, die sich für die Geschichte unserer alten, ehrwürdigen Fridericiana interessiren, denen aber weder die älteren Schriften über diesen Stoff zugänglich sind, noch das neue monumentale Schrader'sche Werk.

Daß ich die Schilderung und die Erörterungen nicht auch auf die drei letzten Jahrzehnte des zweiten Jahrhunderts der Geschichte unserer Universität ausgedehnt habe, wird, denke ich, von keiner Seite Mißbilligung finden.

Halle a. S., 4. Juni 1894.

G. Hertzberg.

Als der Kurfürst Friedrich III. von Brandenburg am 1. Juli (a. St.) 1694 nach dem Abschluß langwieriger Vorarbeiten und erstaunlich mühevoller Verhandlungen die „Inauguration" der neuen nach ihm benannten, hallischen Friedrichsuniversität mit außerordentlicher Pracht vollzog, da folgte er nicht bloß seiner Neigung zu fürstlicher Repräsentation und glänzender Prachtentfaltung. Er trat damit zugleich in die Reihe der weitblickenden, verständigen Männer seines edlen Hauses, die vor ihm in den weitgedehnten Staaten unter hohenzollerscher Herrschaft drei Stätten höherer Bildung ins Leben gerufen hatten, — in Frankfurt an der Oder, in Königsberg und in Duisburg. Nur daß seine junge Schöpfung berufen war, jene drei älteren Vorgängerinnen wie an äußerer Blüthe, so an dauerndem und weitgreifendem Einfluß auf das deutsche Geistesleben weit zu übertreffen.

Wir erinnern uns zunächst der Gründe, die nach der vollständigen Vereinigung des alten Erzstiftes, später „Herzogthums" Magdeburg (1680) mit dem Staate des Großen Kurfürsten bei diesem wie bei seinem Sohne und Nachfolger allmählig den Gedanken reifen ließen, eine neue Universität ins Leben zu rufen. Sie lagen zunächst in der immer dringender empfundenen Nothwendigkeit, für die Masse der künftigen Pfarrer und Beamten lutherischer Konfession in der Mitte der von der Memel bis zum Nieder-Rhein weit zerstreuten Provinzen des brandenburgischen Staates eine lutherische Bildungsanstalt zu schaffen. Da die damals einzige lutherische Universität des hohenzollerschen Staats, Königsberg, viel zu entfernt lag; da in Frankfurt seit 1614, in Duisburg seit seiner Gründung (1654) reformirte Theologie gelehrt wurde, so sahen sich die jungen Männer der kurfürstlich brandenburgischen Provinzen, soweit sie nicht nach Jena, Helmstedt oder Rostock gehen wollten, ganz vorzugsweise auf den Besuch von Wittenberg und Leipzig angewiesen. Also gerade auf die Universitäten Kursachsens, wo — auch abgesehen von der damals wesentlich feindseligen Politik des Dresdener Hofes gegen den Berliner, — die lutherische Orthodoxie den reformirten Hohenzollern mit der ganzen Schroffheit gegenüberstand, die damals noch in Deutschland die Lutheraner von den Reformirten trennte. Als mitwirkender Grund für die späteren Entschlüsse Friedrichs III. mag wohl auch der Umstand gelten, daß durch die französische Vernichtung der Pfalz (1689) die blühende Universität Heidelberg zu Grunde gerichtet war. —

Sollte nun in der neuen Erwerbung des Hauses Brandenburg an der Elbe und Saale eine Universität gegründet werden, so empfahlen verschiedene Umstände die Wahl der Stadt Halle. Diese Stadt hatte sich, so sehr viel ihre materielle Lage in jener Zeit zu wünschen übrig ließ, von der Heimsuchung des dreißigjährigen Krieges in mancher Beziehung rascher erholt als Magdeburg. Die Oberbehörden der neuen magdeburgischen Provinz befanden sich seit dem Anfall an Brandenburg noch immer hier. Halle

besaß nicht bloß ein altberühmtes Gymnasium: in der
Stadt hatte auch seit längeren Jahrzehnten ein reges, durch
mehrere bedeutende Männer gepflegtes, wissenschaftliches
Interesse, namentlich für Theologie und Medizin, Raum
gefunden. Außerdem wußte man, daß des Kardinals
Albert gegen das Wittenberg Martin Luthers gegründete,
mit Männern wie Michael Vehe und Crotus Rubianus
besetzte, katholische Universität während der Jahre 1531
bis 1539 thatsächlich bestanden, und daß später die
Stände des Erzstiftes wiederholt den Wunsch geäußert
hatten, auf diesen alten Plan, jetzt natürlich in luthe-
rischem Sinne, in irgend einer Weise wieder einzugehen.

Nun war bereits zu einiger Entschädigung der
Stadt, die durch das Aufhören des herzoglich sächsischen
Hofhaltes (1680) viele materielle Verluste erlitten hatte,
eine neue Bildungsanstalt ins Leben gerufen worden. Wir
meinen die von Anfang an vielbesuchte, in dem s. g.
Einsiedel-Haus in der Gr. Märkerstraße gegründete,
„Sprach- und Exercientienschule," an deren Spitze ein
reformirter Franzose, Jean Michael Millié la Fleur stand,
der bisher im Hofdienst des letzten Herzogs August thätig
gewesen war. Dieselbe ist nun einige Jahre später,
— in einer Zeit, wo Halle zugleich ein Sammelplatz
sehr zahlreicher, theilweise sehr gebildeter, französischer
und pfälzischer, reformirter Auswanderer zu werden angefangen hatte, — auf Betrieb des Kurfürsten Friedrich III.
in eine große, wesentlich für die Jugend des begüterten
Adels bestimmte, Ritter-Akademie unter Leitung des
Stallmeisters Anton Günther von Berghorn umgebildet
worden. Nach einiger Zeit aber gediehen in Berlin die
Entschlüsse zur Reife, auf Grund deren Halle zum Sitze

einer neuen Universität gemacht wurde, welcher die Ritter-Akademie durch kurfürstliches Reskript vom 2. Mai (n. St.) 1693 einverleibt worden ist. —

Den Anstoß aber zu der entscheidenden Wendung in den Plänen der bestimmenden Berliner Kreise hat das Auftreten eines der bedeutendsten Männer jenes Zeitalters gegeben, nämlich des Dr. Christian Thomasius. In Leipzig am 1. Januar (a. St.) 1655 als Sohn eines angesehenen Professors geboren, in seiner Vaterstadt und in Frankfurt a. O. ausgebildet, seit 1678 Dr. jur., seit 1679 als Privatdozent für Rechtswissenschaft und als Anwalt thätig, ist der junge Thomasius, der ein warmes, humanes Herz, scharfen Verstand, lebhaften, beweglichen Geist, klaren Blick für die Schäden seiner Zeit besaß, und bei voller Freiheit von Vorurtheilen von dem starken Willen beseelt war, das für Wahr erkannte im Leben zu verwirklichen, von Anfang an als ein kühner Neuerer aufgetreten. Ein entschiedener Gegner des akademischen Zopfes in Wissenschaft, Sitte, Praxis und Doktrin, schuf sich der junge Vertreter des Naturrechts, der allerdings bei den Studenten viel Anklang fand, in Leipzig, überhaupt in Kursachsen, allmählich zahlreiche Feinde. Daß er zuerst (1687) Vorlesungen und Disputationen in deutscher Sprache ankündigte, hätte man ertragen. Aber Form und Inhalt seiner „Monatsgespräche", der ersten periodischen Zeitschrift in deutscher Sprache, forderten den Widerstand der alten Herren gradezu heraus. Mit der sächsischen Orthodoxie verfeindete sich Thomasius, als er zu Gunsten des angeklagten jungen Pietisten A. H. Francke ein Rechtsgutachten abgab, welches die dabei begangenen Rechtswidrigkeiten klar stellte. Den

Hof endlich ärgerte er, als er (1689) gegenüber einer fanatischen Schmähschrift das gute Recht der Ehe vertrat, welches damals zu großem Verdruß der höchsten Dresdener Kreise der lutherische Herzog Moritz Wilhelm von Sachsen-Zeitz mit Maria Amalia, einer Schwester des Kurfürsten Friedrich III. von Brandenburg geschlossen hatte. Mit ernsten Unannehmlichkeiten bedroht, verließ Thomasius, dessen Stellung in Leipzig unhaltbar geworden war, sein Vaterland und wendete sich im März 1690 nach Berlin, wo er eine sehr gute Aufnahme fand. Der ihm sehr wohlgesinnte Kurfürst verlieh ihm die Stellung als kurfürstlicher Rath und Professor des gesammten Rechts. Dazu erhielt er den Auftrag, nach Halle sich zu begeben, und hier in Anschluß an die Ritterakademie philosophische und juristische Vorlesungen zu halten, die er demnächst (am Sonntage nach Trinitatis) vor mehr als fünfzig Zuhörern thatsächlich eröffnet hat. —

Trotz der kühlen Aufnahme, die der frische und kirchlich tolerante Thomasius auch bei den älteren, schwerfälligen und durchaus der lutherischen Art der Orthodoxie zugewandten Elementen in Halle fand, gewann der rührige Mann, dem auch eine Anzahl seiner früheren Schüler aus Leipzig nachgefolgt war, Dank seiner Lehrgabe, seiner Freiheit von Pedanterie, und seinem Streben, sich jedes Einzelnen anzunehmen, bald einen ganz stattlichen Zuhörerkreis. Seine Gedanken gingen wohl von Anfang an dahin, die neue Bildungsanstalt, an welcher ihm in Verbindung mit dem Kanzler von Jena und einigen Räthen der Provinzialregierung die Wahrnehmung der Jurisdiktion über die anwesenden Studenten übertragen worden ist, — zu einer wirklichen neuen Universität ausgestaltet zu sehen. An Vorschlägen in dieser Richtung hat er es in der nächsten Zeit in Berlin nicht fehlen lassen. Als nun Kurfürst Friedrich III. am 15. Juni (a. St.) bei einem Besuche in Halle auf der Rückreise von Karlsbad nach Berlin von der Blüthe der neuen Schöpfung persönlich Kenntniß gewonnen hatte, gediehen die seit längerer Zeit erwogenen, namentlich durch Spener und Eberhard von Danckelmann geförderten Pläne zum Abschluß. Am 24. Juni wurde die Absicht, die Universität zu gründen, amtlich ausgesprochen, (ein Jahr später, 20. Juni a. St. 1692, gegenüber mancherlei Einreden, die Gründung ausdrücklich befohlen); dann wurde vorläufig ein Kuratorium ernannt, welches allerdings in dieser Gestalt zu eigentlicher Thätigkeit nicht gelangt ist. Ein von dem Minister Paul von Fuchs (früher Rechtslehrer in Duisburg) gezeichnetes Reskript (vom 27. August a. St. 1691) an die Provinzialregierung enthielt dann unter vielfacher Berücksichtigung der von Thomasius gemachten Vorschläge die Grundzüge der beabsichtigten Organisation.

Gleich jetzt aber zeigte es sich, daß noch eine ganze Reihe von Schwierigkeiten zu überwinden war, ehe die neue Universität wirklich in's Leben treten konnte. Ein übler Umstand, der bis 1787 hemmend eingewirkt hat, und von Anfang an sich sehr störend geltend machte, war die Knappheit der finanziellen Mittel, die man von seiten der Staatsregierung zunächst verwenden konnte, und später wollte. Daher gedachte man anfangs, — abgesehen von der durch Spener veranlaßten Berufung des Erfurter Theologen Breithaupt (7. Oktober a. St. 1691) im Wesentlichen die vier Fakultäten mit einem Personal von akademischen Lehrern besetzen zu können, die aus den in Halle bereits angestellten Geistlichen, höheren Beamten, Ärzten und sonstigen Gelehrten ausgewählt werden sollten. Dieser Versuch hat sich jedoch als unburchführbar erwiesen. Von zahlreichen persönlichen Rücksichten abgesehen, welche die meisten der Männer, an die man zuerst dachte, zur Ablehnung bestimmten, so waren damals, und noch längere Zeit nachher, der Rath und große Kreise der älteren Einwohner in Halle der Gründung der Universität wenig freundlich gesinnt mochte immer kurz vor des Dr. Thomasius Ankunft ein hochstehender städtischer Beamter Wünsche in anderer Richtung geäußert haben.

Waren die Stände des Herzogthums wenig erfreut über die Aussicht, für die neue Schöpfung Geldmittel aufbringen zu sollen; war selbst die Provinzialregierung in Halle wenig erfreut über die bevorstehende Gründung eines mächtigen, ihr fast unabhängig gegenüberstehenden, mit wichtigen Vorrechten auszustattenden Instituts; grollte der sonst hochpatriotische Rektor des städtischen Gymnasiums über die zu erwartende Zurückdrängung seiner alten Anstalt durch eine glänzende Hochschule: der Rath und die älteren Hallenser, die sich schon seit Jahren nur mit Unlust in die Überfüllung ihrer Stadt mit den neuen, vielfach privilegirten, französischen und pfälzischen, mit schweizerischen und anhaltinischen Zuzüglern und in die Umwälzung aller althergebrachten Verhältnisse fanden, fürchteten nichts als immer neue Störungen ihrer Ruhe und Ordnung durch die ungestüme akademische Jugend zu erfahren, und sahen bei der Gründung einer Universität, mit eigener Justizhoheit (auf **diesem** Punkte nicht mit Unrecht) alle möglichen Kompetenzkonflikte zwischen städtischen und akademischen Behörden kommen.

Die Staatsregierung hat sich bald entschließen müssen, zur Besetzung der wichtigsten Professuren bedeutende auswärtige Kräfte heranzuziehen. Da hat nun die durch Spener veranlaßte Berufung des (Anfang Oktober 1691) durch seine lutherischen Gegner aus Erfurt vertriebenen Pietisten August Hermann Francke (geb. 1663 zu Lübeck) nach Halle (22. December 1691) den zweiten Mann an die junge Universität gebracht, der ihr in anderer Weise, aber ebenso bestimmt, wie Thomasius der Vertreter der „Aufflärung", den Stempel seines Waltens aufprägen sollte. Francke, der am 7. Januar 1692 in Halle ankam, sollte einerseits Pastor in Glaucha sein, anderseits an der Universität als Professor für orientalische Sprachen auftreten. In die theologische Fakultät ist er erst 1698 aufgenommen worden. Trotzdem besaß diese von Anfang an den „pietistischen" Charakter, der bis gegen Ende des vierten Jahrzehnts des 18. Jahrhunderts vorherrschend geblieben ist. Zunächst hatte aber die Ankunft Francke's und sein erstes Auftreten als Kanzelredner i. J. 1692 die Folge, daß die schroff lutherische Geistlichkeit der Stadt, — die ohnehin noch immer darüber grollte, daß seit der brandenburgischen Besitzergreifung auch in Halle die Vereidigung der Geistlichen, Lehrer und Beamten auf die Konkordienformel aufgehört hatte, — mit Francke und Breithaupt in eine überaus erbitterte Fehde gerieth. Das Verdienst, auf diesem Punkte vorläufig wieder den Frieden herzustellen und eine billige Ausgleichung zu erzielen, fiel dem ausgezeichneten Manne zu, welchem Kurfürst Friedrich III. als dem „Kanzler" der Universität im Herbst 1692 die allgemeine Leitung der Universität, die Aufsicht über Professoren und Studenten, die Erhaltung der Zucht, endlich auch die „Pflicht zu geselliger Vertretung und Vereinigung der Hochschule" übertragen hat. Es war der berühmte Veit Ludwig von Seckendorff, ein durch Gelehrsamkeit, Staatsklugheit, pädagogische und staatsmännische Erfahrung, Weltbildung und christliche, dem Pietismus geneigte Gesinnung gleich ausgezeichneter Mann, der sein Amt am 13. Oktober 1692 antrat. Auf seine Veranlassung ist auch unter dem 26. November a. St. die erste amtliche Kundgebung der neuen Universität erlassen worden. Es war eine von den augenblicklich vorhandenen vier Professoren (unter ihnen der am 30. August a. St. aus Jena berufene Rechtslehrer Johann Georg Simon, ein geborener Hallenser, † 1696) unterzeichnete Begrüßung der in Halle „wegen der Studien und Exercitien" sich befindenden Jugend, eine Ermahnung zu ordentlichem und anständigem Leben, mit Einschluß bestimmter disziplinarischer Vorschriften.

Da Seckendorff aber schon am 18. December a. St. desselben Jahres starb, so fiel ein erheblicher Theil der weiteren Arbeiten für den Ausbau der Universität dem berühmten Rechtsgelehrten zu, der, am 30. August a. St. 1692 als Professor und Geheimrat unter glänzenden Bedingungen nach Halle berufen, am 16. December a. St. zwei Tage vor des Kanzlers Tode, in der Stadt angelangt war. Wir meinen natürlich jenen Samuel Stryke (geb. 1640 zu Lenzen in der Priegnitz), der seit 1666 eine Zierde der Universität Frankfurt a. O. gewesen war, und seit 1690 in Wittenberg lehrte, wo ihm aber seine Hinneigung zu Spener die Gegnerschaft der Theologen zuzog. Damals als der erste Kenner des römischen Rechtes in Deutschland hochgeschätzt, sehr geschickt, zu klarem und anregendem Vortrage, würdevoll, und dabei freundlich im Auftreten, sollte er für die Ausgestaltung der Hallischen Universität von großer Bedeutung werden, als er der gern angenommenen Berufung endlich Folge gegeben hatte. Stryke, dem viele Wittenberger Studenten nach Halle folgten, trat hier ein als „erster Professor" und als „Ordinarius" der juristischen Fakultät. Zugleich übertrug ihm der Kurfürst die Stellung als „Direktor" der Universität, von der noch weiter zu sprechen sein wird. Stryke konnte bereits am 1. Januar 1693 durch ein öffentlich angeschlagenes Patent die Bestimmungen über den Umfang der der Universität unter dem 11. Dezbr. a. St. 1692 verliehenen akademischen Gerichtsbarkeit in Kriminal- wie in Civilsachen mittheilen. Am 19. August a. St. dieses Jahres erhielt die juristische Fakultät auch die Rechtsprechung in Duellsachen. —

Weiter aber erlangte die juristische Fakultät, die gegen Ende des Sommers 1693 noch durch den für römisches und Strafrecht aus Rinteln berufenen Heinrich (von) Bode (Bodinus) ergänzt worden ist, unter dem 3. Januar (a. St.) 1693 das überaus werthvolle Recht, rechtsgiltige Urtheile und Bedenken abzugeben, also als „Spruchkollegium" aufzutreten. Das ist gerade für die nächsten Zeiten namentlich deshalb bedeutungsvoll geworden, weil Professor Thomasius dabei seit 1694 die Veranlassung fand, das furchtbare Unwesen der vielen Hexenprozesse, sammt der Tortur, mit großem Nachdruck zu bekämpfen.

Während nun allmählich auch die übrigen Fakultäten mit tüchtigen Männern besetzt werden konnten, — wir erinnern namentlich an die ausgezeichneten Mediziner Friedrich Hoffmann (geb. 1660 in Halle), bis dahin Landphysikus in Fürstenthum Halberstadt, seit 27. März a. St., und Ernst Stahl, bis dahin fürstlicher Leibarzt in Weimar, seit dem Mai 1693 in Halle Professor, und an den gelehrten, zum Professor der Geschichte und Beredtsamkeit seit Mitte des Sommers 1693 bestimmten bisherigen Rektor der Merseburger Domschule Christoph (Keller) Cellarius, — bedurfte es noch längerer Anstrengungen des Kurfürsten und seines leitenden Ministers Eberhard von Danckelmann, und seines Bruders Nikolaus, des Gesandten am Wiener Hofe, um der neuen Schöpfung ihre deutsche Rechtsstellung zu sichern. Die seit dem 27. November a. St. 1692 (unter Anknüpfung an die alte, i. J. 1531 durch den Legaten Campeggio dem Erzbischof Albrecht ertheilte päbstliche Genehmigung) bei dem Kaiser (damals Leopold I.) beantragte Bestätigung der neuen Universität war aber bei dem Stande der damaligen Reichsverfassung unumgänglich, wenn die von ihr zu verleihenden akademischen Grade und Ernennungen und die von ihr ausgehenden Rechtsgutachten für das ganze Reich Geltung haben sollten. Gewisse konfessionelle Schwierigkeiten wurden allerdings von vornherein durch den Hinweis auf das alte Albertinische Privilegium umgangen. Dagegen dauerte es, namentlich gegenüber dem Einspruch der um die Blüthe ihrer drei Universitäten besorgten, sächsischen Fürsten, lange genug, bis Nikolaus von Danckelmann in Wien die Ertheilung des kaiserlichen Privilegiums für Halle zu erzielen vermochte. Sie erfolgte endlich am 19. Oktober (a. St.) 1693, und wurde (mit den Rechten, welche der Kurfürst der Universität und ihren Lehrern zu ertheilen bereits am 20. Juni a. St. 1692 beschlossen hatte) am 24 November a. St. durch einen kurfürstlichen Erlaß der jungen Hochschule abschriftlich mitgetheilt.

So konnte endlich der Kurfürst Friedrich III. die Universität an seinem Geburtstage (1. Juli a. St. 1694), der fortan formell als Stiftungstag angesehen und zugleich als der Tag, wo alljährlich die Prorektoren wechselten, gefeiert worden ist, unter Entfaltung ganz ungemeiner Pracht feierlich einweihen. Von denselben Tage sind auch die Statuten der Universität und der vier Fakultäten ausgestellt. Die „Fridericiana" war bereits mit 15 akademischen Lehrern besetzt, zu denen noch die der ihr bereits einverleibten Ritterakademie kamen, und zählte 765 Studenten. —

An der Spitze dieser, wie wir hier hinzufügen, ausschließlich als evangelische gegründeten Universität stand ein Rektor. Die Führung dieser Würde blieb aber dem Kurfürsten, eventuell andern Persönlichkeiten des Herrscherhauses vorbehalten; seit 1718 erklärte jedoch König Friedrich Wilhelm I. das für unnöthig. Daher ist das thatsächliche Haupt der Fridericiana von Anfang an bis 1854, die Zeit der westfälischen Herrschaft ausgenommen, stets ein Prorektor geblieben, der alljährlich aus der Zahl der ordentlichen Professoren hervorging. Von einer eigentlichen Wahl war damals noch nicht die Rede — diese ist erst 1804 eingeführt worden, — damals nämlich wechselte die höchste Würde zwischen den verschiedenen Fakultäten, und wurde innerhalb derselben nach dem Dienstalter verliehen; mit der einzigen Ausnahme, daß jeder neu eingeführte ordentliche Professor zum

erften Male nach demjenigen zur Führung des
Prorektorats gelangte, unter deſſen Regirung er in
das Generalkonzil aufgenommen war. Der Prorektor führte die Aufficht über die Univerfität im
weiteften Sinne, ferner den amtlichen Schriftwechſel, und
ſtand an der Spitze der mit der akademiſchen Juſtiz
betrauten Organe. Ihm zur Seite kennt die Geſchichte
der Univerfität bis 1842 den „Direktor" derſelben; es
war der Profeſſor der Rechtswiſſenſchaft, der in ſeiner
Fakultät als ſ. g. „Ordinarius" als Leiter des Spruch-
kollegiums auftrat, — als Direktor aber, bei nicht gerade
ſcharf beſtimmter Kompetenz, die Aufgabe als geſchäfts-
kundiger Rechtsbeiſtand des Prorektors und des General-
konzils wahrzunehmen hatte. Dagegen iſt die Würde
eines Kanzlers nach Seckendorffs Ableben für 94 Jahre
nicht wieder erneuert worden. Als hohe Beamte dieſes
Ranges und Titels mit ſehr ausgedehnten Befugniſſen
kennt die Geſchichte unſerer Univerfität gegen Ende des
18. Jahrhunderts Chriſtoph von Hoffmann und während
und nach der Weſtfäliſchen Epiſode Auguſt Hermann
Niemeyer. Dagegen war die Kanzlerſchaft der Profeſſoren
Peter von Ludewig ſeit 1722 und Chriſtian von Wolff
(ſeit 1743) mehr nur eine Ehrenauszeichnung dieſer her-
vorragenden Männer; der Inhalt ihrer Rechte deckte ſich
etwa mit denen des Direktors. —

Für die Verwaltung der Univerfitätsangelegenheiten
ſtand dem Prorektor der Konvent der vier Dekane, und
namentlich das Generalkonzil (bis 1854 daſſelbe wie der
akademiſche Senat), die Verſammlung der ordentlichen
Profeſſoren aller Fakultäten zur Seite. Für die Rechtsge-
ſchäfte dagegen wurde für den Prorektor von ganz beſonderer

Bedeutung der Syndikus, dem später noch ein zweiter zugesellt worden ist. Denn die Universität hatte eine sehr ausgedehnte Civil- und Strafgerichtsbarkeit wahrzunehmen. Die Professoren und sonstigen Dozenten mit ihren Familien, die Studenten und ihre Diener, die Bevölkerung der Francke'schen Stiftungen in Glaucha, und weiter alle s. g. Universitätsverwandte, die von der Universität ernannten Notare, der akademische Auktionator, die Antiquare, Buchhändler, Buchdrucker, Schriftgießer, Buchbinder, Kupfer- und Siegelstecher, der akademische Apotheker (der Besitzer der Engelapotheke), und — dieses zu großem Verdruß der städtischen Behörden, — eine Anzahl von Handwerksmeistern (s. g. Freimeister), standen unter akademischer Gerichtsbarkeit, deren Wahrnehmung unter dem Vorsitz des Prorektors also wesentlich die Sache des Syndikus und seiner Assessoren und Schriftführer war. An Streitigkeiten wegen der Zuständigkeit hat es dabei gegenüber den städtischen Behörden und Gerichten keineswegs gefehlt. Von allen Entscheidungen des akademischen Gerichts, die Ehre und Leben der Angeklagten berührten, konnte zunächst an das Generalkonzil appellirt werden, und thatsächlich hat sich hier als Instanz die juristische Fakultät herausgebildet. Die höchste Instanz war der „geheime Justizrath in Berlin, ein Theil des kurfürstlichen Staatsraths; an dessen Stelle ist für die Universität seit 1769 das Kammergericht getreten. Die Bestätigung endlich der Entscheidungen seitens des Landesherrn blieb in allen solchen Fällen vorbehalten, in denen auch von den übrigen Gerichten nach Hofe berichtet werden mußte. —

Die höchste Aufsichts- und Verwaltungsbehörde dagegen für die Universität bildete bis 1807 das Oberkuratorium in Berlin, dessen Mitglieder zuerst Freiherr Ludolf Daniel von Danckelmann und der Minister von Rhez, der seit 1701 bis 1704 durch Paul von Fuchs vertreten wurde, — zu den Wirklichen Geheimen Räthen gehörten, und an letzter Stelle über alle Anstellungen und allgemeine Maßregeln in Sachen der Universität zu entscheiden hatten. —

Den Professoren endlich war eine Reihe werthvoller Vorrechte eingeräumt. Nach der materiellen Seite außer anderem die Befreiung von verschiedenen städtischen Steuern und Lasten, namentlich auch von der Einquartierung, und weiter auch von der Zahlung der Accise; doch ist das letztere Vorrecht sehr bald in eine mäßig bemessene jährliche Rückvergütung für die von den Professoren und anderen Universitätsbürgern gezahlte Verbrauchssteuer umgewandelt worden. Nach der literarischen Seite erhielt die Universität das Recht der Censur über alle im Herzogthum Magdeburg erscheinenden Druckwerke, dagegen die ordentlichen Professoren die Censurfreiheit für ihre eigenen Schriften. —

In dem Wesen der Universität erscheint uns Späteren namentlich für die ältere Periode manches fremdartig, vieles anders gestaltet, als es die Gegenwart kennt. Besonders fällt es uns auf, daß bei einer gewissen Neigung zu „Polyhistorie" manche Professoren zugleich zwei Fakultäten anzugehören vermochten, deren eine stets die jetzt sogen. philosophische war. Das Höchste leistete in dieser Beziehung der reich begabte Johann Heinrich Schulze (1732—1744), der gleichzeitig Professor der Medizin, praktischer Arzt, Professor der Beredsamkeit, Vertreter der Altertumskunde und eifriger Numismatiker gewesen ist, freilich aber schon mit kaum 57 Jahren bei so ungeheurem Verbrauch seiner Kräfte starb. Die Naturforscher, auch die Botaniker zählten mit zu den Mitgliedern der medizinischen Fakultät, während unter den Studenten die meisten, die heute in die Listen der philosophischen Fakultät eingetragen werden, namentlich die künftigen Schulmänner, unter die Theologen eingereiht wurden. Auf der einen Seite bildete ferner in jener ersten Zeit die Übernahme einer Professur weit häufiger den Abschluß eines vielseitig bewegten Lebens in mancherlei Praxis; auf der andern geschah es seltener, daß Männer von bereits begründetem akademischem Rufe noch in höheren Jahren den Ort ihrer Thätigkeit wechselten. Die eigenthümlich steife Würde der Gelehrten der Zopf- und Perückenzeit schloß doch die oft in den herbsten Formen geführte, oft in schnöder Weise auf dem Katheder sich ausprägende Polemik unter den Männern derselben Universität und Fakultät keineswegs aus. Von dem, was man wohl persönliche Koterien nennt, war damals in Halle kaum die Rede; dagegen gab es lange ungemein viel gegenseitige Eifersüchtelei, und viel kleinlichen Hader nach der finanziellen Seite. Heute ganz verlassene Spezialfächer, wie die systematische Pflege der Kunst, für alle Lebensverhältnisse passende, dabei möglichst schnörkelhaft stilisirte Briefe zu entwerfen, mit Einschluß der allemal nöthigen Titulaturen, haben sich nicht lange behauptet. Das erwähnte Fach vertrat damals der bekannte Romanschriftsteller Talander (August Bohse), — dieser ein geborener Hallenser, deren sonst die Universität, mit Ausnahme der zweiten Hälfte des 18. Jahrhunderts, im Ganzen nicht viele in ihren Reihen gezählt hat. Daneben läßt sich beobachten, daß andauernd zwischen den verschiedensten Vertretern der strengen Wissenschaft und denen der allemal das deutsche Geistesleben beherrschenden Dichtkunst sympathische Beziehungen sich ausgebildet haben. Nur gegen eine Kunst hat sich die Fridericiana bis zum Untergang des alten Preußischen Staates wesentlich ablehnend verhalten: es war die dramatische. Freilich wird das bei näherer Kenntniß des Bühnenwesens und des im Theater damals noch gebotenen ganz erklärlich; weniger für die letzten Zeiten des 18. Jahrhunderts. Bekanntlich ist der von seiten der Universität über das Theater verhängte Bann in dieser ganzen Zeit nur einmal für mehrere Jahre (seit 1745) durch eine überaus harte Verfügung Friedrichs d. Gr. durchbrochen worden, die bei der tiefen Abneigung dieses Königs gegen den von seinem Vorgänger begünstigten Pietismus und dessen hallische Vertreter mit ganz besonderer Schärfe gegen Gotthilf August Francke sich richtete. —

Es war natürlich dieses Verbot, welches die Studenten zu beständigen Übertretungen reizte. Die akademische Jugend, die seit der Gründung der Universität die alte Stadt an der Saale in ganz neuer Weise belebte, hat für lange Zeit an Zahl die der übrigen deutschen Universitäten übertroffen. Bis gegen die Mitte des 18. Jahrhunderts, wo uns ein theilweises Sinken der hallischen Universität begegnen wird, hat sich die rasch angewachsene Zahl der Studenten im Ganzen auf der Höhe von 1300 bis 1500 erhalten. Unter ihnen war von Anfang an ein bestimmter sozialer Unterschied nicht zu verkennen. Die Art der Entstehung der Fridericiana macht es verständlich, daß für längere Zeit ein sehr zahlreicher Theil der Studenten aus sehr reichen und vornehmen Familien hervorgegangen ist. Der Gegensatz einer allmählich wachsenden Menge sehr armer fehlte aber auch nicht; aus einem Theile derselben, der seinen Unterhalt durch die Anlehnung an die Mildthätigkeit der Franckeschen Stiftungen möglich machte, hat sich in späteren Zeiten der eigenthümliche Typus der s. g. Waisenhäuser entwickelt. Der Fleiß der meisten Studenten wird unbestreitbar sein. Sitte und Ton in dem geistig so vielfach frisch angeregten Halle galt vielfach als besser, als an vielen anderen Hochschulen jener Tage. Nichts desto weniger zahlten auch die Studenten der Fridericiana der, nun sagen wir, derben Art ihres Zeitalters reichlich ihren Tribut. Vergleichsweise weniger als an anderen Orten im Trunke. Dagegen waren damals wie später die gefährliche Neigung zu hohem Spiel, die Verschwendung in Pferden, die Unsitte, sich bei öffentlich gefeierten fremden Hochzeiten einzudrängen, — Händel mit der „Schaarwache" im Waagegebäude, Demolirung jüdischer Häuser, und Wilddieberei charakteristisch. Steht der wüste Exceß b. J. 1716 im „Grünen Hofe" zum Glück gänzlich vereinzelt da, so war desto häufiger die Rede von grimmigen Duellen; namentlich auch mit den Offizieren, — mit diesen gewöhnlich auf Grund von Streitigkeiten über den Vortritt auf den bekannten „breiten Steinen" der hallischen Straßen, die erst seit dem dritten Jahrzehnt des 19. Jahrhunderts zu verschwinden angefangen haben. Auch an andern wilden Zusammenstößen mit der Besatzung der Stadt (dem Regiment Anhalt) hat es bis zur Mitte des 18. Jahrhunderts nicht gefehlt; auch nachdem von einer Gefahr durch gewaltsame Werbungen, wie sie in der Zeit des Fürsten Leopold von Dessau wiederholt bestanden hatte, nicht mehr die Rede war. Bei einer solchen Gelegenheit (i. J. 1717) traten auch zum ersten Male, obwohl nur vorübergehend, landsmannschaftliche Verbindungen auf. Sie haben für uns das Interesse, daß wir beobachten können, wie damals kein Zweig der deutschen Nation in Halle unvertreten war. Ganz charakteristisch ist es endlich, daß die Studenten bei allen Tumulten, und wo sie in der Stadt Schlägereien zu bestehen hatten, einen starken Rückhalt bei den stets schlagfertigen Halloren gefunden haben.

Die große Aufgabe, welche der neugegründeten Universität gestellt war, ist namentlich nach einer Richtung hin nicht eben leicht zu lösen gewesen. Sie hat sich bis 1787 mit einem ziemlich beschränkten Etat behelfen müssen, bei dem ihr jährlich nur rund 7000 Thaler regelmäßiger Einkünfte zuströmten. Außerdem war nur noch das 1691 ins Leben gerufene theologische Seminar auf selbständige Einkünfte gestellt — zuerst von der Domäne Hillersleben, seit 1720 die Zinsen eines Kapitals von 30,000 Thalern, welches 1726 bis 1788 in dem (erst im letzteren Jahre von der Stadt Halle zurückgekauften) Rittergute Beesen an der weißen Elster angelegt war. Ein eigenes Universitätsgebäude hat die Fridericiana erst

1834 erlangt. Bis dahin dienten verschiedene größere Räumlichkeiten in dem städtischen Waagegebäude für allgemeine akademische Zwecke; hier befanden sich auch einige Zimmer mit den bescheidenen Anfängen der Bibliothek. Die meisten Vorlesungen mußten in den Privatwohnungen der Professoren abgehalten werden. Die akademischen Institute waren sehr kümmerlich bestellt. Der botanische Garten, der bis weit über 1760 hinaus arg vernachlässigt blieb, umfaßte (seit 1698) nur wenig über 1¼ Morgen des am „Jägerplatze" belegenen, und „Küchengarten" genannten Theiles des fürstlichen Gartens zwischen Neumarkt und der Saale. Ein anatomisches Theater erlangte die Universität erst dadurch, daß der reichbegüterte Professor Coschwitz 1727 mit seinen eignen Mitteln ein solches (am Paradeplatze, gegenüber der Moritzburg) in dem alten Komödienhause des Herzogs August erbaute. Auch eine eigene Klinik hat die Universität vor d. J. 1787 nicht besessen. Bis dahin mußten die jungen Mediziner ihre Studien bei der vielbeschäftigten Klinik machen, welche ein berühmter Arzt der Francke'schen Stiftungen, Dr. med. Johann Junker, (der seit 1718 Privatdocent, 1729—1759 ordentlicher Professor bei der medizinischen Fakultät war) i. J. 1716 in Verbindung mit der massenhaften, unentgeltlichen Austheilung von Arzneimitteln an arme Kranke, in der Nähe des Waisenhauses eingerichtet hatte. —

Es bedurfte also der Aufbietung aller geistigen Kräfte, um mit so kleinen Mitteln Großes zu leisten. Das Zeugniß aber, daß ihnen das gelungen ist, wird die Geschichte den ausgezeichneten Männern nicht versagen, durch deren mächtige Thätigkeit die junge Fridericiana für längere Zeit rasch zu der ersten Universität in Deutschland erblüht ist, — und deren Wirken zweimal im Laufe von hundert Jahren den entscheidenden Einfluß auf die Richtung des geistigen Lebens in Deutschland auszuüben vermocht hat. Das Wesentliche ist dabei gewesen, daß die junge Universität nach den verschiedensten Seiten hin die Trägerin des neuen Geistes geworden ist, der damals in Deutschland sich zu regen begann. Wohl hatte man die Gliederung in Fakultäten und die Form der Vorlesungen und Disputationen beibehalten. Dagegen war nicht mehr die Rede von der Fortsetzung der veralteten Lehrart, nach welcher Wissenschaft und akademischer Vortrag sich in formaler Ausarbeitung des überlieferten Stoffes zu bewegen pflegten. Die Führenden der neuen Lehrer in Halle erscheinen als Männer von starker Eigenart, die theils persönlich mit der alten Art entschieden gebrochen hatten, theils doch von dem neuen Geiste kräftig berührt waren. Ihnen allen war jetzt die Möglichkeit geboten, ihre eigne Thätigkeit zu freier Forschung und freier Geistesregung ungehindert zu entfalten. —

Den stärksten Einfluß hat die neue Universität sehr frühzeitig auf den brandenburgisch-preußischen Staat ausgeübt, vor Allem durch die Bedeutung ihrer juristischen und ihrer theologischen Fakultät. Nicht nur, daß in Halle recht eigentlich die Beamten, Lehrer und Geistlichen für unsern Staat ausgebildet worden sind: auch die charakteristische Richtung auf das Verständige, Nützliche und Zweckmäßige, die sich weiterhin in der preußischen Gesetzgebung und Verwaltung — und dabei auch in die Vereinfachung der aus dem Mittelalter vererbten

Städteverfassungen unter Friedrich Wilhelm I. — überall abspiegelt, der Drang auf ein gemeinverständliches deutsches Recht, der sich nachmals im Landrecht zu verwirklichen wußte, ist in Halle entstanden. Hat doch bereits Friedrich Wilhelm I. im Jahre 1714 die juristische Fakultät in Halle mit dieser Aufgabe betraut. Es sollte in möglichster Raschheit ein Landrecht „in einer dem gemeinen Manne verständlichen Sprache hergestellt werden, das seinen Inhalt der natürlichen Billigkeit, den „principia juris naturae" zu entnehmen hätte:" ein Plan, der jedoch damals über die ersten Anläufe nicht hinausgelangt ist. Aber auch die neue Art der Ableitung und Bestimmung des Fürstenrechts, und die neue, namentlich dem Interesse des preußischen Staats dienende Auffassung der Territorialhoheit hat hier ihre namhaften Vertreter gefunden. —

Wenn wir nun in aller Kürze auf die weitere geschichtliche Entwicklung eingehen, so finden wir zunächst, daß von Anfang an der Gegensatz zwischen dem feurigen, kühn vordringenden Vertreter des Naturrechts, dem Gegner unfruchtbarer Gelehrsamkeit, zwischen Thomasius, und dem kraftvollen, durch höchst ausgedehntes positives Wissen ausgezeichneten, Vertheidiger des römischen Rechts, Stryke, sich fühlbar gemacht hat. Da das Verhältniß zwischen beiden wackern und hoch begabten Männern, die doch auch gar manche wissenschaftliche Berührungspunkte mit einander fanden, stets ein würdiges blieb, so wirkte ihr Gegensatz wesentlich belebend auf die studirende Jugend und die Wissenschaft ein. Die juristische Fakultät hat nun das Glück gehabt, daß neben diesen beiden glänzenden Persönlichkeiten frühzeitig eine etwas jüngere Schichtung emporgekommen ist, deren bedeutendste Vertreter bis zur Mitte des 18. Jahrhunderts, weit über Stryke's (1715) und Thomasius' (1728) Ableben hinaus für den Ruf der Universität gewirkt haben. —

Unter diesen ist noch heute der bekannteste — bei uns wegen der noch jetzt nach ihm benannten Villa vor dem Rannischen Thore auch in der Erinnerung der Menge fortlebende, Peter von Ludewig. Ein Schüler Stryke's, 1668 zu Hohenhard bei Schwäbisch-Hall geboren, zuerst (seit 1695) ordentlicher Professor der theoretischen Philosophie, ist dieser äußerst vielseitige Mann auf Stryke's Rath allmählich zur Rechtswissenschaft übergegangen. Sein Hauptgebiet wurde das deutsche Reichs- und Staatsrecht; und indem er dasselbe mit der Reichsgeschichte —, um die er sich große Verdienste erwarb, — in Verbindung setzte, (damit auch den Anfang machte, die Geschichte der ältern, theologischen Art der Behandlung zu entziehen,) ist er, 1703 Professor für Geschichte, 1705 Professor für Jurisprudenz, der erste Staatsrechtslehrer im damaligen Preußen geworden. Ein Mann von außerordentlich eifriger publizistischer Thätigkeit, der Verherrlicher der jungen preußischen Königswürde, begeistert für Preußens Größe, der staatsrechtliche Vertreter der preußischen gegenüber den Reichsinteressen, hat er später auch die Rechtsansprüche auf Schlesien, an die Friedrichs d. Gr. erster Krieg gegen Oesterreich sich knüpfte, öffentlich zu vertheidigen gehabt. Ein unbequemer Kollege war ihm allerdings der geistvolle und gelehrte, im Gebiet von Nürnberg 1671 geborene Lieblingsschüler des Thomasius, Nikolaus Hieronymus Gundling, der, mit der deutschen Geschichte nicht weniger tief vertraut, — seit 1705 Professor der Beredtsamkeit, seit 1712—1729 in der juristischen Fakultät ordentl. Professor für Natur- und Völkerrecht, — wiederholt gewagte, der Begründung moderner staatsrechtlicher Theorien dienende, Hypothesen Ludewigs auf dem Gebiet der älteren Reichsgeschichte litterarisch mit vielem kritischen Geschick bekämpfte. Noch heute ferner lebt hochgeachtet der Name des Kirchenrechtlehrers Justus Henning Böhmer (seit 1701 Professor in Halle), der einen sehr bedeutenden Einfluß auf das protestantische Kirchenrecht ausgeübt hat, „zugleich ein Vertreter des römischen Rechts in der für Halle schon seit Stryke bezeichneten Richtung, die eine Verbindung des römischen Rechts mit dem deutschen und dem Naturrechte in dem s. g. usus modernus erstrebte", während Johann Gottlieb Heineccius (1720—1723 und wieder 1733—1741 in Halle), ein tiefer Kenner des klassischen Alterthums, und für die historisch antiquarische Behandlung des Rechts besonders befähigt, bei klarer und anmuthiger Darstellung als Vertreter der „eleganten Rechtswissenschaft" gerühmt wird. Die vortrefflich gemeinte Ernennung endlich des Kriegsrathes und (seit 1710) juristischen Professors Simon Gasser zum Professor der „Ökonomie-, Polizei- und Kammersachen" (1727), die König Friedrich Wilhelm I. persönlich veranlaßt hatte, brachte nicht ganz die erwarteten Früchte. Bei aller bewährten praktischen Tüchtigkeit ist Gasser doch noch nicht zu wissenschaftlicher Begründung des neuen Faches gelangt.

Nahezu gleiches Ansehen wie die juristische, besaß von Anfang an die neue theologische Fakultät: nur daß diese als Vertreterin einer neuen Richtung viele Jahre lang mit verschiedenen streitbaren Vorkämpfen der lutherischen Orthodoxie in dem lebhaftesten Kämpfen gestanden hat. Die maßgebende Persönlichkeit ist hier natürlich bis zu seinen Tode (1727) August Hermann Francke gewesen, dem dabei seine immer großartiger emporwachsenden Stiftungen, zunehmendes Ansehen in vielen Theilen Deutschlands, und die Gunst der entscheidenden Kreise in Berlin einen überaus starken Rückhalt boten. Ihm zur Seite standen, mit ihm durchaus eines Sinnes[1]), die Professoren Breithaupt (1691—1732) und Paul Anton (1695/1730). Die jüngere Schichtung bei dieser Fakultät war seit 1709 vertreten durch den Dogmatiker Joachim Lange, einen der gelehrtesten Männer unter den Pietisten, der aber auch bei großer Streitbarkeit in seinen Fehden überaus derb und polternd auftrat. Neben ihm ist eine treffliche Stütze der Fakultät, namentlich nach Seiten der Auslegung des Alten Testaments und der Pflege der orientalischen Sprachen Professor Johann Heinrich Michaelis geworden, der 1709 aus der philosophischen Fakultät, der er seit 1699 angehört hatte, in die theologische übertrat; († 1738). Eine vortreffliche Hülfe fand dieser in seinem auch kritisch ausgezeichnet veranlagten Neffen Christian Benedikt, der, an dem durch A. H. Francke 1702 an seinen Stiftungen für zwölf Studenten eingerichteten orientalischen Kollegium beschäftigt, 1713—1731 in der philosophischen, und seit 1731 bis 1764 in der theologischen Fakultät Professor gewesen ist. —

---

1) Der lutherische Professor Johann Wilhelm Baier, der im Frühling 1694 aus Jena nach Halle berufen und der erste Prorektor der neuen Universität geworden war, ist schon 1695 als Generalsuperintendent nach Weimar gegangen und dort noch vor Ablauf dieses Jahres gestorben.

Der Pietismus war damals in Halle, wie in vielen Theilen Deutschlands, in den weitesten Kreisen durchaus populär und noch längere Zeit in ganz entschiedener Ausbreitung begriffen. Die aus der Tiefe wahrhaft lebendigen Glaubens und echter Gefühlswärme hervorgegangene Erhebung der ersten Pietisten gegen die alte, in erstarrtem Dogmatismus verlorene, streitsüchtige Theologie; ihr dem Symbolzwang abgeneigter Sinn; ihr Streben, „den einzelnen Menschen in Gott zu gründen und von der Welt Sünden zu befreien"; ihre kräftige Richtung auf praktisches Christenthum und erbauliche Lebensführung; die Macht ihrer Predigtweise und die erfolgreiche Arbeit gegen eine Masse dunkler und häßlicher Seiten des damaligen Lebens, hatten ihnen damals auch über die Grenzen ihrer Fakultät hinaus viele Freunde zugeführt. Freilich hat auch diese neue Richtung schon frühzeitig in unerfreulicher Weise einen starken Zug von Unduldsamkeit entfaltet; zur Ausgleichung der Beziehungen zwischen Lutherischen und Reformirten hat sie nichts beigetragen, ja, gegenüber den der Fakultät äußerlich angegliederten Professoren des seit 1709 in Halle bestehenden reformirten Gymnasiums von Anfang an sich scharf ablehnend verhalten. —

Sehr sympathisch standen der pietistischen Richtung die zwei ersten großen Vertreter der medizinischen Fakultät gegenüber, auf welche letztere übrigens, wie schon berührt worden ist, die Francke'schen Stiftungen auch seit 1716 durch ihre klinischen Beziehungen einen starken Einfluß ausübten. Die beiden großen Ärzte, die zuerst den Ruf dieser Fakultät begründeten, waren in ihrer Wissenschaft Vertreter zweier verschiedener Richtungen. Der 1660 zu Anspach geborene Stahl, (der später 1716—1734 hauptsächlich in Berlin gelebt hat,) zugleich ein bedeutender Chemiker, Vertreter der theoretischen Medizin, huldigte dem s. g. Animismus. Sein Amtsgenosse, Friedrich Hoffmann dagegen, Vertreter der praktischen Medizin, wie Stahl ein vielbeschäftigter Arzt, dabei ein erstaunlich fruchtbarer Schriftsteller, Erfinder der Hoffmannstropfen und (1710) Entdecker der Heilkraft der Quellen von Lauchstädt, gehörte der s. g. mechanistischen Richtung an. Unter den Männern der jüngern Generation war sein Schüler Johann Heinrich Schulze, während sich Junker und Coschwitz (1718—1729) unter Stahl gebildet hatten.

An litterarischer Polemik zwischen mehreren der namhaftesten Männer der jungen Universität, so zwischen Thomasius und Francke, Thomasius und Hoffmann, hat es auch in der ersten Zeit ihres Bestehens nicht gefehlt. Im Ganzen aber herrschte innerhalb des stattlichen Lehrkörpers Einigkeit. Eine wesentliche, für die weitere Entwicklung nicht nur in Halle höchst bedeutsame Veränderung trat aber ein, als der große Philosoph Christian Wolff, der Vater des Rationalismus, in Halle Boden gewonnen hatte, der nicht mehr den alten Wegen der unfruchtbaren Scholastik folgte, sondern durch den Reichthum der neuen Ideen eines Leibnitz angeregt war. In Breslau 1679 als Sohn eines Lohgerbers geboren, hatte er sich, ursprünglich zum Theologen bestimmt, allmählich — durch die unerschütterliche Sicherheit der Mathematik gefesselt, veranlaßt gesehen, diese Wissenschaft zu erlernen, damals noch, „um sich zu befleißigen, die Theologie auf unwidersprechliche Gewißheit zu bringen". Erst als er 1703 in Leipzig Privatdocent geworden war, wandte er sich ganz entschieden nur noch der Mathematik und der

Philosophie zu, und trat mit Leibnitz in die später so fruchtbare Verbindung. Drei Jahre später durch Stryke und Hoffmann für Halle gewonnen, wo damals die Mathematik noch nicht vertreten war, ist er gegen Ende b. J. 1706 durch das Oberkuratorium zum ordentlichen Professor dieser Wissenschaft und der Philosophie ernannt worden. Nur allmählich, aber unaufhaltsam, hat er an der Fridericiana Boden gewonnen; auch dadurch gefördert, daß er seine Vorlesungen in deutscher Sprache, und, wie Thomasius, in klarem, freiem Vortrage hielt. Sein Einfluß wuchs sehr erheblich dadurch, daß er auch seine philosophischen Schriften in deutscher Sprache abfaßte, und sie dadurch auch solchen zugänglich machte, die kein Latein verstanden. Im Verlaufe von etwa vierzehn Jahren hatte Wolff für die von ihm vertretene Philosophie, für die er den einzelnen Wissenschaften gegenüber eine universelle, herrschende Stellung in Anspruch nahm, einen Platz erobert, der sie, unterstützt durch seine bedeutende Persönlichkeit, zunächst in Halle an Einfluß dem Pietismus ebenbürtig erscheinen ließ. Allerdings war Wolff nicht als Denker von philosophischem Tiefsinn, Phantasie und Schöpferkraft, bedeutend. Wohl aber hat er, bei seiner erstaunlichen Fähigkeit, „den von einem andern entdeckten Weg in geordnetem Fortgange nach allen seinen Verzweigungen auszumessen", der Leibnitz'schen Philosophie in einer bis dahin noch nicht gekannten Weise den Eingang in weitere Kreise, namentlich auch in die akademischen Vorlesungen, zu verschaffen verstanden. Er machte zum erstenmale den Versuch, alle Wissensgebiete vom Standpunkte dieser Philosophie aus zusammenhängend und in erschöpfender Vollständigkeit gründlich und methodisch, planvoll, genau und gemeinverständlich zu bearbeiten. Weiter erbaute er auf Grund der durch Leibniz entwickelten Principien ein vollständiges, in mathematischer Methode durchgeführtes, überall nach absoluter Sicherheit und Gewißheit trachtendes, bis in das Einzelnste ausgebildetes System. Dabei war der äußerste Nachdruck auf die gesetzmäßige Feststellung der obersten Grundsätze, die deutliche Bestimmung der Begriffe und auf die versuchte Strenge der Beweise gelegt. Die Grundlagen des Systems waren die natürlichen Kräfte der Vernunft; die Methode ging darauf aus, für alles Verstandesgründe zu verlangen, und ohne diese es zu verwerfen. Dieses galt dann auch für das Sittengesetz; „denn die Quelle auch der Moral ist die Vernunft", die überhaupt als die oberste Schiedsrichterin gelten sollte. —

Es liegt auf der Hand, daß dieses System, dessen weitere Lehren, so anziehend sie sind, hier nicht näher erörtert werden können, auf der einen Seite weithin großen Anklang zu finden geeignet war, auf der andern aber den scharfen Widerspruch der Theologen hervorrufen mußte. Von mancherlei persönlichen Reibungen abgesehen, so war der Gegensatz gar nicht zu überbrücken zwischen den Pietisten und Wolff, dem bei aller ehrenhafter Frömmigkeit ein Organ für die mystische und enthusiastische Seite in der Religon abging, — der dieselbe Welt als die beste pries, die jenen als ein Jammerthal galt, — der die Unabhängigkeit der Moral von der Theologie vertrat, — dessen Theorie allerdings die Entstehung der Naturgesetze durch Gott annahm, sie aber dann ihre Giltigkeit ohne und außer Gott behaupten, ihre Formen durch die menschliche Vernunft gewinnen ließ. Dazu kam, daß

Wolff auch auf die Studenten der Theologie Einfluß gewann; er betonte stets, daß die Wahrheiten der Religion sich vor der Vernunft rechtfertigen ließen, daß durch sein System der Inhalt der Offenbarung keine Einbuße erleide, — suchte er doch mit allem Eifer zwischen biblischem Christenthum und moderner Bildung zu vermitteln, aus der dogmatischen Hülle den Kern der Religion herauszuarbeiten, ihre wesentlichen Lehren dem Verstand, dem Willen, dem Gemüth annehmbar zu machen. Wolffs Gegner, Francke und namentlich Lange, waren dagegen der Ansicht, seine Theorieen müßten in ihrer Konsequenz zum Fatalismus, ja zum Atheismus führen. —

Mit großer Heftigkeit entbrannte der nun nicht mehr bloß litterarisch geführte Streit seit 1721, wurde auch in einzelnen Momenten an die Oberbehörden gebracht. Es ist bekannt, daß endlich König Friedrich Wilhelm I., bei dem Wolff bisher in Gunst gestanden hatte, durch einige Männer seiner militärischen Umgebung, die mit dem hallischen Pietismus befreundeten und sinnesverwandten, jetzt durch ihre hallischen Freunde angeregten, Generale von Natzmer und von Löben, durchaus gegen den berühmten Philosophen gestimmt worden ist. In irgend einer Weise, so heißt es, wußten sie dem König den Gedanken nahe zu legen, daß gewisse Grundsätze Wolffs, sein s. g. Determinismus, auch die Desertion der Soldaten rechtfertigten, oder daß nach denselben „auch desertirende Soldaten nur der Vorherbestimmung folgten und deshalb nicht straffällig seien". Da erschien denn die ab irato erlassene kön. Kabinetsordre vom 8. November 1723, durch welche Wolff nicht etwa, wie seine theologischen Gegner gehofft hatten, auf die Mathematik beschränkt, sondern bei Strafe des Stranges binnen 48 Stunden aus Halle und den preußischen Staaten verwiesen wurde. —

Die Vertreibung Wolffs, die weithin in Deutschland ein sehr ungünstiges Aufsehen machte, hat dem hallischen Pietismus wenig genützt. Wolff selbst fand an der Universität Marburg eine neue Stellung zu weiterer fruchtbringender Thätigkeit. Der Kampf aber um seine Philosophie wurde aller Orten, auch in Halle, mit großer Leidenschaftlichkeit fortgesetzt. Sie hat allmählich für lange das Übergewicht gewonnen, und neben der allmähligen Einführung ihrer Grundlagen und ihrer Beweistheorie auch in andere Wissenschaften, drang sie auch in das größere Publikum ein, dem sie in ihrer Anwendung auf die verschiedensten sittlichen und praktischen Aufgaben durch zahlreiche „moralische Wochenschriften" während der nächsten fünf Jahrzehnte zugeführt wurde. Es ist auch Wolffs Berliner Freunden gelungen, in Beziehung auf ihn den König zu einer so vollständigen Sinnesänderung zu gewinnen, daß er in seiner letzten Zeit ernstlich an Wolffs Zurückberufung dachte. —

Auf der andern Seite war die Zeit gekommen, wo der Pietismus selbst, nachdem er der evangelischen Christenheit reiche Früchte gebracht, abzublühen begann. Allmählich machten sich auch die Schattenseite bemerkbar: die Einseitigkeit, mit welcher die Art der innern „Erweckung" Franckes zur Richtschnur für alle andern gemacht worden war, — die Richtung auf ein Übermaß religiöser Übungen und stete Anspannung des Gefühls, — die übertriebene Askese —, die zuerst zur Methode, dann zur Manier gewordene Art der Pietisten, das

Weltleben zu beurtheilen, — die unausbleibliche Gefahr, in ein religiöses Scheinwesen zu verfallen — und weiter die vergleichsweise Gleichgiltigkeit vieler Pietisten gegen die Interessen der Kirche, uud gegen den Ausbau der Wissenschaft, die es auch zur Ausgestaltung einer länger fortlebenden pietistischen Schule nicht hat kommen lassen. Eine in ihrem Sinne wünschenswerthe Ergänzung der theologischen Fakultät, als nach einander (1727—1732) A. H. Francke, Anton und Breithaupt gestorben waren, ist nicht gelungen. Die zunächst antretenden, namentlich der jüngere Francke († 1769), besaßen nicht die Tiefe und die Kraft, „um das Alte zu halten, und Neues hinzuzuthun". Der hierzu vielleicht am ersten berufene Hallenser Rambach (geb. 1693) ist schon 1731 nach Gießen gegangen und bereits 1735 gestorben. Siegmund Baumgarten aber, von dem wir nachher mehr sagen werden, der Mann geworden, welcher den Uebergang zum Rationalismus eingeleitet hat. Neben und nach dem alternden Lange blieb in Halle für geraume Zeit (1737 bis 1771) der fromme, ehrwürdige Johann Georg Knapp der bedeutendste unter den bekannteren Pietisten.

So fand Christian Wolff die Verhältnisse in Halle auch innerlich sehr wesentlich verändert, als ihn nicht lange nach Antritt seiner Regierung der junge König Friedrich der Große, der Gegner des Pietismus, der eifrige Verehrer der Wolff'schen Philosophie und ihrer ausgeprägten Richtung auf das Nützliche, Anwendbare, sachlich Zweckmäßige, und auf die Klarstellung des ursächlichen Zusammenhangs der Dinge, nach verschiedenen Verhandlungen unter dem 21. November 1740 unter glänzenden Bedingungen nach der Fribericiana zurückberief. Wolff ist bei seiner Rückkehr nach Halle am 6. Dezember mit fürstlichen Ehren empfangen worden, um dann seine Vorlesungen Mitte Januar 1741 zu eröffnen. Neue Ehren haben sich fortan in reichem Maße auf den berühmten Gelehrten gehäuft, der auch 1745 durch den Herzog Maximilian von Bayern (als Reichsverweser nach Karls VII. Tode) in den Reichsfreiherrnstand erhoben worden ist. Nach Peters von Ludewig Tode (1743) ist er bis zu seinem eignen Ableben (1754) ganz entschieden der maßgebende Mann an der Universität gewesen. Nur daß Wolff, der noch immer ein sehr thätiger Schriftsteller blieb, während dieser letzten Zeit seines Wirkens nicht mehr die akademischen Lehrerfolge gehabt hat, wie früher in jüngeren Jahren in Halle und nachher in Marburg. Das stimmte allerdings zu der Temperatur, die jetzt für einige Zeit die Hallische Universität beherrschte, wo nach und nach auch die letzten Vertreter der ersten Blüthezeit sämmtlich gestorben waren, — so 1742 Friedrich Hoffmann, 1743 v. Ludewig, 1744 Johann Heinrich Schultze, und der alte streitbare Lange, der nach Wolffs Rückkehr mit diesem persönlich Frieden geschlossen hatte, 1745 Gasser, und 1749 Böhmer, und wo nunmehr eine

Anmerkung. Nicht unerwähnt soll endlich bleiben, daß in einem Zeitalter, dem in Erfurt eine Sidonie Hedwig Zäunemann, dem später eine Karoline Herschel, und in Goettingen eine Dorothea Schlözer angehörten, auch in Halle eine Dame aufgetreten ist, die mit schwerem wissenschaftlichem Ernst und gutem Erfolge einen Namen als Pflegerin der Heilkunde sich erworben hat. Es war die reichbegabte Tochter des Quedlinburger Arztes Dr. Leporin, Dorothea Christine, die als Gattin des Diakonus Erxleben, und unter ausdrücklicher Empfehlung des Königs im Jahre 1754 bei der medizinischen Fakultät in Halle die Doktorwürde erwarb, und nachher als Wittwe bis 1761 in Quedlinburg praktizirt hat. —

gewisse Zeit verstreichen sollte, bis eine neue Reihe wissenschaftlicher Größen auf den Gebieten der Theologie, der Alterthumswissenschaft, und der Medizin den alten Glanz noch einmal zu erneuern vermochten. —

—

Dem Ableben der „Patriarchen" der Universität ist in der That seit der Mitte des 18. Jahrhunderts für unsere Universität während mehrerer Jahrzehnte ein unverkennbares Sinken ihrer Bedeutung gefolgt. Dasselbe erklärt sich nicht lediglich aus den schweren Nothständen und Heimsuchungen des Siebenjährigen Krieges, obwohl die Universität wie die Stadt durch dieselben nicht bloß finanziell sehr schwer betroffen worden ist. Ein wesentlicher Uebelstand war es, daß längere Zeit nur zwei Lehrstühle mit Männern besetzt gewesen sind, die den großen Vorgängern wirklich gleichkamen, und daß die Universität bis in das vorletzte Jahrzehnt des 18. Jahrhunderts nur Einen Mann besessen hat, der eine neue nachhaltige Wirkung auf das deutsche Geistesleben auszuüben vermocht hat. Wohl lehrte in jener Zeit in Halle eine ganze Reihe tüchtiger Männer; aber es waren, wenn der Ausdruck erlaubt ist, Gelehrte zweiten und dritten Ranges, die in der Gegenwart fast insgesammt gänzlich vergessen sind, und unter denen es nur einige giebt, die auf Grund lokaler Zufälligkeiten wenigstens in Halle noch jetzt gelegentlich genannt werden. Wer kennt heute noch Juristen wie

Carrach, Madihn, Heisler, Mathematiker, wie den seiner Zeit so hochgeschätzten von Segner, oder die wackern Mediziner Philipp Adolf Böhmer und Friedrich Christian Junker, des alten Herren Johann Sohn und (1759) Nachfolger. Selbst Andreas Elias von Büchner (1745—1766) wird nur noch ab und zu in unseren lokalen Zeitungen erwähnt, weil die jetzt durch den Geh. Rath Knoblauch geleitete „Leopoldina-Carolina" bereits unter seiner Vorstandschaft einmal ihren Sitz in Halle gehabt hat. Der treffliche Stiebritz, ein eifriger Wolfsianer, ist dem Geschlecht der Gegenwart nur noch bekannt, weil er aus Dreyhaupts Riesenwerk einen praktischen Auszug gemacht und eine treue Schilderung der Leiden unserer Stadt und Universität während des Siebenjährigen Krieges angeschlossen hatte; (1738—1772). Während der Ästhetiker Georg Friedrich Meier, von dem die städtische Lokalforschung auch noch weiß, daß das stattliche, von hohen Bäumen beschattete, Haus mit hoher Freitreppe auf der Südostseite des Gr. Berlin ihm gehört hat, wegen seiner Beziehungen zu verschiedenen namhaften Vertretern der deutschen Litteratur seiner Zeit (1739—1777) noch jetzt nicht gänzlich vergessen, und der Popularphilosoph Johann August Eberhard, seit 1778 sein Nachfolger, mehr nur als Synonhmiker bekannt geblieben ist, sind die Namen der Historiker Renatus Hausen (1765—1772) und Karl Friedrich Pauli (1763—1778), wie für die letzten Zeiten des 18. Jahrhunderts die Mathias Christian Sprengels (1779—1803) und des besonders hoch geschätzten Johann Christoph Krause (1778—1799) jetzt so gut wie verschollen. Der glänzende Philologe Christian Adolf Klotz dagegen

(1765—1771), ein sehr begabter Schriftsteller und rühriger, vielseitiger Journalist, aber auch ein ganz heilloser Pfleger bissiger Polemik, schlimmer Kameraderie und einer förmlichen Assekuranz auf gegenseitige Lobhudelei, ist jetzt hauptsächlich deßwegen in Erinnerung geblieben, weil sein großer kritischer Gegner Lessing mit wahrem Löwentatzenschlage seinen literarischen Ruf tödtlich erschüttert hat.

Vorherrschendes Ansehn behaupteten in dieser Zeit an der Universität nur zwei Gelehrte. Zunächst der Jurist Daniel Nettelbladt (1746—1791 Professor), ein geborner Rostocker, der als ein sehr eifriger Anhänger Wolffs seine Wissenschaft auf das System dieses seines großen Lehrers baute und Wolffs Beweistheorie für die Jurisprudenz fruchtbar machte. Freilich hat man später behauptet, daß Nettelbladt, der übrigens „mehr Ordner und Former, als gerade weiterführender Forscher" war, dadurch, daß er die von ihm sehr stark beeinflußten jüngeren Lehrer seiner Fakultät bestimmte, ihr Fach nicht als Spezialisten, sondern encyklopädisch zu behandeln, schließlich doch keineswegs nur vortheilhaft gewirkt habe.

Der Mann dagegen, der gerade in der zweiten Hälfte des 18. Jahrhunderts zum zweiten Male die Vorherrschaft der hallischen Universität auf dem Gebiete des deutschen Geisteslebens begründet hat, war der Theologe Johann Salomon Semler, der eigentliche Gründer der rationalistischen Schule. Dieselbe war zuerst auf pietistischem Boden erwachsen. Der bedeutendste der jüngeren Theologen in Halle nach A. H. Francke's Ableben, nämlich Siegmund Jakob Baumgarten (1732—1757) hatte in milden Übergängen den Zusammenhang mit dem Pietismus zu lösen begonnen, seitdem er dazu vorgeschritten war, seiner Beweisführung das Wolff'sche System und die Erforschung „des zureichenden Grundes" zu Grunde zu legen. Es ist ihm gelungen, eine selbständige Schule zu bilden. Sein bedeutendster Schüler wurde nun Semler (geb. 1725 zu Saalfeld in Thüringen, 1753 bis 1791 in Halle Professor,) der, ohne eigentlich Systematiker zu sein, bei seiner riesenhaften, bis dahin noch nicht erreichten, namentlich auch historischen Gelehrsamkeit (ohne doch eigentlich geschichtlichen Sinn zu besitzen), der Schöpfer der historischen Kritik geworden ist und die Bedeutung der Vernunft auch für die theologische Kritik in den Vordergrnnd gestellt hat. Er erkannte das Wesen der christlichen Religion vorzugsweise in ihrer Einwirkung auf die Sittlichkeit. In dem festen Glauben, daß er den Kern des Christenthums nicht antaste, sondern reiner herausstelle, und überzeugt, daß die schriftliche Offenbarung demjenigen nicht widersprechen könne, was die menschliche Vernunft erkennt, hält er die Kritik der biblischen Überlieferung nicht nur für erlaubt, sondern selbst für geboten, zur Beförderung des wahren Christenthums. Seit etwa 1760 hat Semler nicht nur in seiner Fakultät die Vorherrschaft geführt. Ein Gelehrter nach alter Art, wie sie die Gegenwart kaum mehr kennt, nämlich in allen weltlichen Dingen unerfahren und unpraktisch, in der Wissenschaft aber eine kühne und imponirende Gestalt, — wie die besten seiner Schüler ein Mann der lautersten Frömmigkeit, und von trefflichstem Charakter, gewann er einen starken Rückhalt an zwei ausgezeichneten Schülern. Es waren zwei geborene Hallenser: Nösselt, (seit 1760 Professor), der ihn durch Klarheit, Deutlichkeit und lichtvolle Ordnung im schriftlichen und mündlichen Vortrage wesentlich ergänzte, und der große Pädagoge A. H. Niemeyer (geb. 1754, seit 1779 a. o., seit 1784 ord. Professor, und seit 1792 Consistorialrath), — dieser eine der geistig bedeutendsten und für das Schicksal unserer Universität in dieser und der nächstfolgenden Zeit bedeutsamsten Persönlichkeiten dieser Tage. Durch die Thätigkeit dieser drei Männer ist der „gefühlswarme" Rationalismus zunächst in Halle die vorherrschende Macht geworden; er gewann bald auf den meisten Kanzeln der Stadt und ihrer näheren Umgebung, wie auch in den höheren Bildungsanstalten, das Übergewicht; es gab namentlich unter den Theologen nicht viele, die von dem Einfluß der neuen Richtung, die mit großer Schnelligkeit innerhalb der deutschen evangelischen Kirche und über die deutschen und evangelischen Grenzen hinaus Anklang fand, unberührt geblieben wären. Stadt und Universität empfanden allmählig immer stärker die Wirkung dieser Bewegung: außer anderem die Pflege der Kirchengeschichte, die kräftige Betonung der Moral, die „Milderung der Gläubigkeit", namentlich der konfessionellen Schroffheit, so daß zu Anfang des 19. Jahrhunderts zum erstenmal ein reformirter Theologe zu gleichem Rechte in die theologische Fakultät aufgenommen werden konnte. Freilich mußte man dabei auch die Wolff'sche Nüchternheit und Phantasielosigkeit und — bei der Kritik mancher Theile auch der antiken Geschichte auffallend fühlbar, — den schon bei Semler bemerkbaren Mangel an geschichtlichem Sinne mit in Kauf nehmen. Bei weiterer Entwicklung sind auch die bekannten Mängel dieser Richtung, — eine gewisse Seichtigkeit, Verflachung und Trivialität, ausschließliche Betonung der Moral, und die Erhebung zuerst des gesunden, dann „des gemeinen" Menschenverstandes zur letzten entscheidenden Instanz, — endlich die Ausartung kraftbewußter Toleranz zu stumpfem Indifferentismus, freimüthiger Kritik zu frivolem Spott, auch für Halle nicht ausgeblieben. Die Universität lernte die neue Schule in ihrer Verzerrung bekanntlich in zwei seltsamen Persönlichkeiten kennen, die einen Theil ihrer für Keinen erfreulichen und ersprießlichen Thätigkeit auf hallischem Boden betrieben haben. Wir meinen den Dr. Karl Friedrich Bahrdt, der von 1779 bis 1792 seinen Wohnsitz theils in, theils dicht bei Halle hatte, und den Magister Friedrich Christian Laukhard, der 1782 hier seine Studien zum Abschluß brachte und mit Einschluß seines mehrjährigen Intermezzos als Musketier in dem von Thaddenschen Regiment erst 1804 die Stadt wieder gänzlich verließ. —

Der großen Bedeutung, welche die theologische Fakultät in Halle, — in welcher damals übrigens, bei durchaus friedlichem Einvernehmen mit ihren berühmten rationalistischen Kollegen, auch noch zwei Männer standen, die dieser Schule nicht angehörten, der milde, biblisch-offenbarungsgläubige Christian Georg Knapp, des alten Herren Sohn, (seit 1782 ord. Professor), und der letzte Vertreter des alten Pietismus in Halle, Johan Ludwig Schultze, des vielseitigen Mediziners Johann Heinrich Sohn, (1769 bis 1799 Professor der Theologie), — ist nun seit den letzten Jahren des neunten Jahrzents des 18. Jahrhunderts ein sehr bemerkbarer Aufschwung auch der übrigen Fakultäten zur Seite gegangen. Ein wesentliches Verdienst dabei trug Friedrich des Großen berühmter Minister, der damalige Oberkurator von Zedlitz-Leipa. Durch die Berufung freilich des berühmten Weltumseglers Johann Reinhold Forster als Professor der Naturgeschichte (1779 bis 1798) hat die Universität nur einen glänzenden Namen und einen fleißigen Schriftsteller gewonnen. Dagegen ist die durch Zedlitz bei dem König Friedrich Wilhelm II. veranlaßte Ernennung des ihm befreundeten Karl Christoph von Hoffmann (6. September 1786), eines Mannes von bedeutender Weltbildung, freiem und weitem Blicke, großem praktischen Takt und großen Gesichtspunkten, zum Kanzler der Universität (in ähnlicher Art, wie einst Seckendorf,) mit sehr ausgedehnten Machtbefugnissen, für die Universität sehr werthvoll geworden. Hoffmann, der bis zu Ende d. J. 1790 in dieser Stellung verblieb, erwirkte zunächst zu Anfang d. J. 1787 eine Erhöhung des jährlichen Budgets der Universität um 7000 Thaler. War nun bereits 1778 ein eigenes akademisches Gebäude für die Bibliothek und zugleich für das anatomische Theater errichtet worden, so konnte jetzt (1788) die alte „Residenz" des letzten sächsischen Herzogs August restaurirt und zu akademischen Zwecken umgebaut, auch 1789 das anatomische Theater dahin verlegt werden. Weiter erzielte der Kanzler die Gründung eines selbständigen klinischen Instituts der Universität. Die langjährige Verbindung mit der Klinik des Waisenhauses hörte auf. An die Spitze der 1787 neugebildeten Poliklinik trat der (seit 1777) ord. Professor Goldhagen, ein sehr geschätzter Arzt. Als dieser schon 1788 starb, erhielt der geniale Ostfriese Johann Christian Reil (geb. 1759, seit 1787 a. o., 1788 ord. Professor der Therapie, und 1789 auch Stadtphysikus,) eine als praktischer Arzt, als Mann der Wissenschaft, und als rühriger, gedankenreicher, unternehmender

Mensch gleichmäßig imponirende Persönlichkeit, seine Stelle. Dazu wurde noch eine Abtheilung für chirurgische Kranke und ein Hebammenbildungs-Institut gegründet und dasselbe dem seit 1777 in Halle thätigen (geb. 1756) Professor Philipp Friedrich Theodor Meckel anvertraut: einem als ausgezeichneter Lehrer, wie als Praktiker der Chirurgie und der Entbindungskunst hochgeschätzten Arzte. Beide Männer haben damals für ihre Fakultät den Ruhm der Zeit Hoffmanns und Stahls glänzend erneuert.

Dem Kanzler ist es ferner 1787 gelungen, den großen alten „Fürstengarten" zwischen der Moritzburg und dem Städtchen Neumarkt für die Universität zu gewinnen, und dadurch an Stelle des alten kleinen, lange arg vernachläßigten, botanischen Gartens einen großen neuen zu schaffen. Diese Aufgabe fiel zunächst dem seit 1765 um den alten Garten sehr verdienten Dr. Kaspar Junghans zu (1787—1797 Professor). Nach seinem Tode übernahm den Garten Kurt Sprengel, (seit 1789 a. o., seit 1795 ord. Professor der Medizin,) der, bereits als Historiker der Heilkunde berühmt, im Laufe der folgenden Zeit seinem botanischen Garten einen europäischen Ruf erworben hat. Inmitten dieses Gartens wurde endlich 1788 eine Sternwarte erbaut, die dem 1787 aus Helmstedt berufenen Mathematiker und Astronomen Georg Simon Klügel († 1812) anvertraut worden ist. Damit verband man die Gründung eines physikalischen Kabinets.

Dieselbe Zeit sah den großartigen Aufschwung einer Wissenschaft, die bis dahin in Halle noch keinen epochemachenden Vertreter gefunden hatte, nämlich der Sprach- und Alterthumsforschung. Hier gewann einer der genialsten deutschen Philologen, der seit 1783 als ord. Professor in Halle thätige F. A. Wolf, ein gebietendes Ansehen. Von bleibender Bedeutung wurde das philologische Seminar, welches nach dem Vorgange von Erlangen und Göttingen Wolf im Einverständniß mit dem Kanzler am 15. Oktober 1787 ins Leben gerufen hat.

Was ferner die Philosophie angeht, so war jetzt die Zeit gekommen, wo die alte Leibnitz-Wolff'sche Schule auch in Halle durch die neue Kant'sche verdrängt worden ist. Der Minister von Zedlitz hatte sich wiederholt vergeblich bemüht, den Königsberger Philosophen für Halle zu gewinnen. Dagegen wurde sein System an der Fridericiana jetzt durch mehrere jüngere Männer kräftig vertreten. Von den Anhängern der älteren Schule war der treffliche Ehrenreich Maaß (geb. 1766, seit 1791 a. o., seit 1798 ord. Professor) seit 1791 zu der Kantischen übergegangen. Neben ihm wirkte in derselben Richtung Heinrich Ludwig (von) Jakob (geb. 1759, seit 1789 a. o., seit 1791 ord. Professor), der allerdings in späterer Zeit wesentlich die Staatswissenschaften vertreten hat; unserer Zeit ist er hauptsächlich noch als Vater der zuerst als Nachdichterin serbischer Volkslieder berühmt gewordenen Talvj in Erinnerung geblieben. Ein ganz besonders eifriger Kantianer war endlich der begabte Johann Heinrich Tieftrunk, der (dieser durch den Minister v. Wöllner) 1792 aus dem Rektorat der Schule in Joachimsthal nach Halle berufen worden ist. († 1837).

Die Kantische Philosophie eroberte endlich auch noch ein anderes Gebiet. Wie einst Nettelbladt das Wolff'sche System in seine Wissenschaft eingeführt hatte, so war es nun sein Nachfolger, der berühmte Ernst Ferdinand Klein, der, bis dahin Kammergerichtsrath in Berlin, von 1792 bis 1800 Professor in Halle, in der philosophischen Begründung des Rechts von dem Wolff'schen zu dem Kant'schen Systeme überging und „durch Scharfsinn und Klarheit der Kant'schen Rechtsableitung zum Siege verhalf". Die übrigen Vertreter der Rechtswissenschaft, die an unserer Universität damals lehrten, sind heute dagegen so gut wie vergessen. Doch hatten in jener Zeit unter andern Männer wie Woltär (1775—1815 orb. Professor), Jonathan Fischer (1780—1798), Ludwig Menken (1789—1795), Reils Schwager Bathe (seit 1794), und der sehr rührige Christian Konopack (seit 1802) viele Zuhörer und ein bedeutendes Ansehn. Bekannter ist der Name des damals sehr viel gehörten Professors Dabelow geblieben (seit 1791), nicht grade wegen seiner gar nicht unerheblichen wissenschaftlichen Bedeutung, sondern mehr durch mancherlei wunderliche Anekdoten und wegen seiner seltsamen politischen und Verwaltungsthätigkeit (1811---1813) als Staatsrath in Anhalt-Köthen.

In diese Zeit des neuen Aufschwungs unserer Universität fallen nun auch die ersten größeren Versuche, ihre Geschichte zu schreiben, die allerdings mit dem neuen monumentalen Schraber'schen Werke einen Vergleich nicht entfernt aushalten. Das erste Jahrhundert ihres Bestehens behandelte zunächst in gedrängter Übersicht der Professor Johann Christian Förster, (1761—1798), Vertreter der Philosophie und der Kameralwissenschaften, der auch um die rettende Reform der pfännerschaftlichen Saline sich große Verdienste erworben hat. Das Buch ist erst

(1799) nach seinem Tode erschienen. Weit umfangreicher war die 1805 der Öffentlichkeit übergebene Arbeit des Professors der Philosophie (seit 1794), Johann Christoph Hoffbauer. —

In der Stadt Halle nahm die Universität in dieser Zeit immer entschiedener die vorherrschende Stellung ein. Die einst widerstrebenden Elemente hatten sich allmählich ausgeglichen. Die Bürger, deren in der ersten Hälfte des 18. Jahrhundert neu aufgeblühter Wohlstand durch die Nothzeit des siebenjährigen Krieges auf lange hinaus schwer geschädigt worden war, deren Industrie, mit Einschluß der pfännerschaftlichen Salzsiederei, nur noch in geringem Umfange und stets mit großer Mühe sich zu behaupten vermochte, mußten den Werth der Fridericiana für ihre Stadt jetzt sehr wohl zu schätzen. Mochte immerhin die Zahl der Studenten in der zweiten Hälfte des 18. Jahrhunderts lange nicht mehr die Höhe wie früher erreichen, so überschritt sie doch unter mancherlei Schwankungen noch immer die Höhe von Eintausend ganz erheblich. Nachher ist sie von 977 i. J. 1775 wieder bis zu 1156 i. J. 1786 gestiegen. Von da ab fand ein fühlbares Sinken statt; nachdem aber die Universität i. J. 1803 mit nur 578 Studenten den niedrigsten Stand erreicht hatte, hob sich der Besuch sehr schnell wieder, derart, daß man im Oktober des Unglücksjahres 1806 wieder 1280 Studenten zählen konnte.

Die meisten Professoren waren Hausbesitzer; sehr viele von ihnen saßen als einflußreiche Mitglieder in den verschiedenen städtischen Kirchenkollegien. Ein großer Theil der akademischen Lehrer huldigte damals auch mit Eifer der Freimaurerei und gehörte, was sich noch bis gegen Mitte des 19. Jahrhunderts fortgesetzt hat, der Loge „zu den drei Degen" an. Die Freimaurerei war auch in manche der damals das studentische Leben so stark beherrschenden „Orden", und zwar nicht bloß nach seiten der äußerlichen Formen eingedrungen, – in Halle hatten die Konstantisten und Unitisten das Übergewicht, doch gab es auch hier „Amicisten", – während wieder andere, wie in Halle die „Inviolabilisten" dem Logenwesen mit höchster Erbitterung entgegentraten.

Der Ton und die Lebensweise der Studenten in Halle hielt in dieser Zeit nach Angabe urtheilsfähiger Beobachter, etwa die Mitte zwischen der übergroßen Verfeinerung in Leipzig und der rauheren Art in Jena. Unter ihnen überwogen jetzt in der Regel die Theologen an Zahl, doch ist dabei daran zu denken, daß damals noch immer auch die künftigen Schulmänner bei der theologischen Fakultät eingetragen wurden, und daß man erst seit 1802 angefangen hat, die Studirenden der s. g. philosophischen Fakultät besonders zu verzeichnen. Unter der studirenden Jugend ist noch immer eine ähnliche „soziale" Verschiedenheit zu beobachten, wie zu Anfang des 18. Jahrhunderts. Die Anzahl der in Halle studirenden „Ausländer" ist ganz erheblich; die der jungen Männer aus sehr vornehmen Kreisen hat bedeutend abgenommen. Einer sehr starken Minderheit wohlhabender Studenten steht eine größere Menge ärmerer gegenüber, die häufig nach altem Herkommen in Menge in den Häusern einzelner Professoren Wohnung und Kost finden, theils durch die Unterstützungen des Waisenhauses ihre Existenz fristen. Der Typus der „Waisenhäuser" als junger Männer von ziemlich grotesken Manieren und bei manchen tüchtigen Eigenschaften wenig gesellschaftsfähiger Leute, ist auch in die belletristische Litteratur jener Zeit übergegangen. Doch waren der Mehrheit der Studenten, denen sonst Fleiß keineswegs abgesprochen wird, manche Züge gemeinsam: namentlich ein gewisser Hang zur Verschwendung, besonders auch in Pferden. Allbeliebt waren die Ausflüge nach Lauchstedt, wohin seit 1785 (und besonders seit 1791) die Aufführung der klassischen Dramen dieses Zeitalters unter Goethes Leitung durch Weimaraner Schauspieler mächtig lockte. Bei den reicheren Studenten waren im Winter die maskirten Schlittenfahrten ganz besonders beliebt. Noch heute hat sich die Erinnerung an eine ganz tolle Verhöhnung (13. Decbr. 1796) des jungen Herzogs Friedrich Wilhelm von Braunschweig-(Öls) bei einer solchen Gelegenheit erhalten, der damals als Oberst bei dem v. Thadden'schen Regimente stand. Auch an anderen Ausschreitungen hat es nicht gefehlt. Während endlich die Zeitgenossen rühmen, daß bei den Hallischen Studenten der Trunk keine nennenswerthe Rolle gespielt habe, wirkte sehr verderblich die Neigung zum Spiel und noch mehr die zu geschlechtlichen Ausschweifungen. Nach dieser Seite ist sehr charakteristisch die Beleuchtung, in welcher in Achims von Arnim phantastischem Drama (1811) „Halle und Jerusalem" das Hallische Leben erscheint. —

Ein trüber Schatten fiel vorübergehend auf den jungen Aufschwung der Universität durch die Spannung, in welche diese, namentlich ihre theologische Fakultät, mit dem Staatsminister v. Wöllner gerieth. Sein bekanntes Religionsedikt vom 9. Juli 1788 war auch in Halle auf starke und zähe Abneigung gestoßen. Die wenigen Männer in der Stadt, in der Geistlichkeit, und an der Universiät, die als Anhänger des neuen Systems galten, geriethen gegenüber der allgemeinen Verstimmung in eine sehr unbequeme Lage. Die Bemühungen aber des Staatsministers, die theologische Fakultät (seit 1792) zu Schritten in seinem Sinne zu bestimmen, scheiterten. Die Spannung wurde allmählich so groß, daß zu Anfang d. J. 1794 die Universität erkannte, daß sie darauf verzichten müsse, ihr erstes Säkularfest in großer öffentlicher Feier zu begehen. Unter dem 9. April 1794 wurden die Professoren Nösselt und Niemeyer sogar mit Amtsentsetzung bedroht, falls sie ihre „neologische Lehrart" nicht ändern würden. Dann sollte nun die theologische Fakultät eine neue, ausführliche Instruktion vom 30. April für ihre Lehrthätigkeit annehmen, durch welche der altgewohnten Lehrfreiheit möglichst enge Schranken gezogen waren. Als die Räthe Hermes und Hilmer in Wöllners Auftrage mit dieser Instruktion in Halle erschienen, wo sie alle Zustände genau prüfen sollten, begrüßte sie (am Abend des 30. Mai) ein großer Tumult der Studenten, der sie zu rascher Abreise nach Berlin bestimmte. In Folge dieser Szenen wurde den Studenten untersagt, den Säkulartag der Universität (12. Juli n. St.) durch einen Kommers zu begehen; derselbe ist daher in Dessau abgehalten worden, während in Halle selbst eine „private Feier" in dem Garten eines angesehenen Bürgers von Neumarkt stattfand. In Sachen jener Instruktion ist Wöllner gegenüber dem einmüthigen Widerstand aller Mitglieder der Fakultät nicht durchgedrungen, da endlich auch die übrigen Minister i. J. 1795 sich die Wöllner'sche Auffassung nicht aneigneten und einen Weg zu friedlicher Beilegung des Streits fanden. —

Sehr freundliche Verhältnisse traten dagegen ein, als der junge, der Universität sehr wohlgesinnte König Friedrich Wilhelm III. zu Anfang d. J. 1798 Wöllner durch den bisherigen Chefpräsidenten der Pommerschen Regierung, Ernst von Massow, ersetzt hatte. Die Universität, deren jährliches Budget, Dank dem Wohlwollen des Königs 1803 um neue 8000, i. J. 1804 um weitere 7000 Thlr. erhöht wurde, konnte die Zahl ihrer Lehrer durch verschiedene neue Berufungen theils ergänzen, theils vermehren, bei denen die damals in reicher Blüthe stehende Universität Jena ins Auge gefaßt worden ist. Aus Jena wurden 1803 der geistreiche, glänzende Professor Christian Gottfried Schütz (heute vielen noch als Schwiegervater der seiner Zeit gefeierten Künstlerin Hendel-Schütz in Erinnerung), der schon einmal, 1769 bis 1779, namentlich für Pädagogik, in Halle thätig gewesen war, als Professor für Litteraturgeschichte, und Johann Samuel Ersch, der Begründer der neuen deutschen Bibliographie, für Statistik und Geographie, nach unserer Universität berufen. Gleichzeitig ist auf besonderen Wunsch des Königs die von Schütz 1789 in Jena begründete, damals und später, noch bis zur Mitte des 19. Jahrhunderts sehr einflußreiche, „Allgemeine Litteraturzeitung" zu kräftiger Belebung des literarischen Verkehrs auf unserer Universität nach Halle verlegt worden. Als der treffliche Meckel 1803 gestorben war, sind zu großem Vortheil für die Fridericiana der Professor der Chirurgie, Hofrath (von) Loder (aus Riga) und 1804 der Gynäkologe Froriep, beide von Jena nach Halle berufen worden. In der juristischen Fakultät trat an der Stelle Kleins in alle seine akademischen Ämter der

Königsberger Professor Theodor Schmalz, der 1801 an der ostpreußischen Universität Kanzler und Direktor geworden war (Anf. 1803). Von ganz besonderem Interesse ist für uns endlich die Berufung von zwei Männern, die auch persönlich in Halle zu naher Freundschaft sich zusammengefunden haben. Der eine war der halbdeutsche, 1773 zu Stavanger in Norwegen geborene, Henrik Steffens, der 1804 aus Kopenhagen, wo er als Privatdocent lehrte, für Mineralogie nach Halle berufen wurde. Zugleich trat er in seinen glänzenden, viel gehörten Vorlesungen als ein feuriger Vertreter der neuen Schelling'schen Naturphilosophie auf, deren Ideen er mit thatsächlichen Anschauungen zu erfüllen, und dadurch näher zu bestimmen und zu berichtigen verstand. Namentlich mit dem gastlichen Hause des damals berühmten Kapellmeisters Reichardt in Giebichenstein, der später sein Schwiegervater wurde, innig verbunden, ist er auch für uns Spätere dadurch so wichtig geworden, daß er in seinen in dem fünften Jahrzehnt des 19. Jahrhunderts veröffentlichten Lebensnachrichten über die Zustände an unserer Universität bis 1811 überaus reiche und anschauliche Mittheilungen hinterlassen hat. Eine großartige Bedeutung für die Entwicklung der modernen Theologie sollte dagegen der reformirte Prediger gewinnen, der auf Veranlassung des schon damals lebhaft mit dem Gedanken an die zu erzielende Union der protestantischen Kirchen erfüllten Königs im Mai 1804 als a. o. Professor der Theologie nach Halle kam. Es war der 1768 zu Breslau geborene Friedrich Schleiermacher (zuletzt Hofprediger in Stolpe) der bereits einen bedeutenden Ruf als wirkungsvoller Kanzelredner und sehr selbständiger theologischer Schriftsteller mitbrachte, und in seiner kurzen Hallischen Zeit die neue von ihm vertretene Gestalt der Theologie, wie sein jüngster Geschichtsschreiber es ausdrückt, „mehr erst entworfen, als ausgeführt hat". Kein Anhänger der rationalistischen Schule, die durch die neue philosophische Bewegung dieses Zeitalters im Ganzen nur wenige Anregungen gewonnen hat, aber auch seinerseits wesentlich darauf bedacht, die sittliche Erziehung seiner Hörer zu fördern; überall bestrebt, möglichst zum tiefsten Grunde, zum letzten Ziele zu gelangen, und vor Allem „die Einheit oder doch die Versöhnung zwischen Verstand und Gefühl in schwerster philosophischer Arbeit zu finden und darzuthun", — so gelangte er zu einer neuen, höchst einflußreichen theologischen Auffassung, die allerdings unverkennbar einen pantheistischen Charakter zeigte. Schleiermacher, der am 7. Februar 1806 ordentlicher Professor geworden ist, begann ferner seine glänzende Thätigkeit als akademischer Prediger am 3. August desselben Jahres in der alten Schulkirche. Hier hat er freilich nur dreimal predigen können. Denn seit dem 11. September mußte die Universität (fortan für dreißig Jahre) für ihre Gottesdienste die Gastfreundschaft der städtischen St. Ulrichskirche in Anspruch nehmen.

Es war das nöthig geworden, weil mit dem 9. September die Schulkirche, die seitdem ihrer uralten Bestimmung nicht wieder zurückgegeben worden ist, für militärische Zwecke in Beschlag genommen war. Dieses war geschehen, weil der Ausbruch jenes unheilvollen Krieges zwischen Preußen und Napoleon I. vor der Thüre stand, der zugleich auch für die Universität eine neue, mehr als fünfzigjährige Periode eingeleitet hat, reich allerdings an interessanten Erscheinungen, jedoch im Ganzen an allgemeiner Bedeutung für das deutsche Geistesleben mit dem Ruhme der beiden glänzenden Epochen des 18. Jahrhunderts nicht mehr zu vergleichen. Bekanntlich wurde die Stadt Halle am 17. Oktober 1806 durch das Korps des Marschalls Bernadotte in heißem Kampfe erstürmt. Die Schonung, mit welcher dieser Heerführer die Universität zu behandeln gewillt war, lag durchaus nicht im Sinne seines Gebieters. Am Nachmittage des 20. Oktobers erhielt der damalige Prorektor, Professor Maaß, die Verordnung des Kaisers Napoleon, durch welche die Universität geschlossen, die Professoren ihres Gehaltes beraubt, die Studenten mit kümmerlichem Reisegelde nach Hause geschickt wurden. Nur der botanische Garten des Professors Sprengel blieb von diesen Gewaltmaßregeln unberührt. Über die Gründe, welche den Kaiser Napoleon I. zu diesem in der Geschichte der früheren Kriege ganz ungewöhnlichen Schritte gegen die selbst durch die feindlichen Heerführer des Siebenjährigen Krieges nicht ohne Schonung behandelte Fridericiana bestimmt haben, hat sich ein förmlicher Sagenkreis gebildet. Kurz es zu sagen, so ist die Verfügung des Siegers von Jena, — die durchaus in einer Reihe steht mit der gegen das Deutschthum gerichteten modernen Vertilgungsarbeit der Magyaren, der Tschechen, und der Russen lediglich aus seinem tiefen Haß gegen den deutschen Geist, gegen den preußischen Staat, und gegen Friedrich Wilhelm III. persönlich, hervorgegangen. Zurückgenommen ist diese Verordnung, die auch für die damals mit gefährlicher Raschheit in tiefe Verarmung versinkende Bürgerschaft sehr verderblich wurde, erst dann, als der Friedensschluß von Tilsit

(Anf. Juli 1807) auch die Stadt Halle von dem Staate der Hohenzollern getrennt, Napoleon aber sie den deutschen Landschaften zugetheilt hatte, aus welchen das neue Königreich „Westfalen" gebildet werden sollte. Wesentliche Verdienste um die Wiederherstellung der Universität hat sich A. H. Riemeyer erworben, indem er zuerst, — als er, seit Ende Mai 1807 als Geißel nach Pont-à-Mousson verschickt, nach dem Tilsiter Frieden Paris besuchen durfte, — in der französischen Hauptstadt die für die Organisation des Königreichs Westfalen bestimmten Männer für Stadt und Universität Halle zu interessiren verstand. Als Mitglied der Hallischen Abordnung, die Mitte Dezember 1807 nach Cassel sich begab, wo am 1. Januar 1808 dem neuen König Jérôme gehuldigt werden sollte, erreichte er es auch, daß noch vor Ablauf b. J. 1807 die Wiedereröffnung unserer Universität wirklich beschlossen wurde. Unter dem 29. Dezember 1807 ermächtigte Siméon, der neue Minister des Innern und der Justiz, den Alt-Prorektor Maaß, öffentlich bekannt zu machen, daß die Vorlesungen binnen Kurzem wieder aufgenommen werden sollten. Am 1. Januar 1808 wurde Riemeyer zum Kanzler und zugleich zum beständigen Rektor der Universität ernannt. Für die Zeitlage ist es charakteristisch, daß das am 15. Februar 1808 ausgegebene Verzeichniß der Vorlesungen für das nächste Sommersemester auch die Ankündigung von Vorträgen über den Code Napoléon, über das Staatsrecht des Königreichs Westfalen und des Rheinbundes, enthielt. —

Die Lage freilich der Universität, die am 16. Mai 1808 mit vieler alterthümlicher Feierlichkeit in tiefernster Stimmung thatsächlich wieder eröffnet wurde, war zunächst sehr kümmerlich. Der „Lehrkörper" zeigte große, nicht so leicht und so schnell zu ergänzende Lücken. Durch den Tod waren der Universität 1807 und 1808 Rösselt und Bathe entrissen worden. Wolf, Schleiermacher, Schmalz waren nach Berlin gegangen, Lober hatte einen Ruf nach St. Petersburg, v. Jakob die Stellung als Professor der Staatswissenschaften in Charkow angenommen, (von wo er jedoch 1816 wieder nach Halle zurückgekehrt ist). Froriep folgte einem Rufe (1808) nach Tübingen, während Konopack nach Rostock übersiedelte. Die Zahl aber der Studenten war infolge der Lostrennung unserer Stadt von Preußen und zugleich der allgemeinen Verarmung in Niederdeutschland so geschmolzen, daß die Universität nur mit 174 Studenten wieder eröffnet werden konnte. Nur langsam ist diese Zahl gegenüber der neu erwachsenden Konkurrenz von Berlin und Breslau wieder gewachsen; 1812/13 zählte man endlich wieder 342 Studenten.

Guter Wille, die Universität Halle materiell zu fördern, war übrigens der neuen Regierung in Cassel keineswegs abzusprechen. Der Minister Siméon war eine durchaus achtungswerthe Persönlichkeit. Johannes von Müller und seit 1809 der Generaldirector der drei westfälischen Universitäten, Leist, führten auch der Fridericiana mancherlei Vortheile zu. Man war bemüht, die Professoren und die akademischen Institute finanziell anständig auszustatten. Die Räume der alten „Residenz" und namentlich die des 1808 eingezogenen reformierten Gymnasiums wurden der medizinischen Fakultät überwiesen. Als gegen Ende d. J. 1809 die kleinen Universitäten Rinteln und Helmstedt und das Pädagogium zu Kloster Bergen bei Magdeburg aufgehoben wurden, fiel nicht nur auch an Halle ein Theil der Einkünfte und der Bücherschätze dieser alten Anstalten. Aus Helmstedt siedelten auch viele, und zwar sehr tüchtige Studenten nach Halle über. Mehr aber, auch die Lehrkräfte unserer Universität, die noch im Jahre 1809 den alten Philosophen Eberhard durch den Tod verloren hatte, wurden bei dieser Gelegenheit angemessen ergänzt. Aus Helmstedt kam der (1759 geborene), Staatsrechtslehrer Friedrich August Schmelzer, — heute noch auch dem größeren Publikum durch den von ihm geschaffenen anmuthigen Berggarten in Giebichenstein bekannt. Im Februar 1810 aber wurden durch k. Dekret der theologischen Fakultät jene beiden Männer zugetheilt, welche bis gegen Mitte des 19. Jahrhunderts die neuen berühmten Vertreter der rationalistischen Schule dieser Zeit gewesen sind, — Dr. Julius August Ludwig Wegscheider (geb. 1771 in dem braunschweigischen Dorfe Kübbelingen), der aus Rinteln kam, und der Systematiker des Rationalismus geworden ist, und der treffliche Orientalist Wilhelm Gesenius (geb. 1786 zu Nordhausen), der zuletzt am Gymnasium zu Heiligenstadt gestanden hatte, jetzt als a. o. Professor nach Halle kam und 1811 ord. Professor wurde. Von den jüngeren Männern ferner, die nachmals während mehrerer Jahrzehnte für das geistige Leben in Stadt und Universität von großer Bedeutung gewesen sind, erscheinen bereits in der westfälischen Zeit zwei als ganz besonders nennenswerth. Der eine war der junge Domprediger Ludwig Gottfried Blanc, ein feuriger deutscher Patriot, der seinen Eifer für die preußische Sache mit längerer Haft in dem Kastell zu Cassel (seit

Ende d. J. 1811) büßen mußte, nach seiner endlichen Befreiung Ende September 1813 Feldprediger in Blüchers Armee wurde, und später, zugleich ein namhafter Geograph, als tüchtiger Dante-Kenner und Vertreter der romanischen Sprachen seit 1822 a. o., seit 1833 bis 1866 ordentl. Professor gewesen ist. Der andere war der 1786 geborene Ernst Friedrich Germar aus Glauchau, der sich 1812 in Halle habilitirte; er ist seit 1817 a. o., und 1824 bis 1853 orb. Professor gewesen. Dagegen waren auch nach 1808 verschiedene schmerzliche Verluste zu verzeichnen. Abgesehen von Dabelow, der 1809 ausschied, wurde namentlich der Übergang von Steffens (Septbr. 1811) nach Breslau bedauert. Ganz besonders schmerzlich aber wurde es empfunden, daß Reil in Herbst 1810 den Ruf nach Berlin angenommen hatte. Derselben lockenden Versuchung hatte A. H. Niemeyer widerstanden; bei diesem unermüdlich thätigen Manne, der auch nach Schleiermacher's Fortgange die Leitung des akademischen Gottesdienstes übernommen hatte, trug allerdings die Anhänglichkeit an die Fridericiana, und an die Francke'schen Stiftungen, an deren Spitze er seit 1799 stand, den Sieg davon.

Abgesehen von sonstigen gemüthlichen Beziehungen, so gab es aber einen Umstand, durch welchen eine bleibende Beziehung zwischen Reil und den Hallischen Zuständen dauernd erhalten wurde. Wir meinen das damals berühmte Soolbad, welches der rührige Mann im Interesse der verarmten Stadt 1809 ins Leben gerufen hatte. Damit verband sich zugleich eine entscheidende Wendung in dem langen Kampfe unserer Universität gegen das Theater. Die Gegnerschaft der entscheidenden akademischen Kreise in Halle gegen die dramatische Muse war zu Anfang des 19. Jahrhunderts endlich erloschen, auch der erste Einspruch des Ministers Siméon zurückgenommen. Zuerst im Herbst d. J. 1808 durfte eine Magdeburger Gesellschaft unbehelligt längere Zeit in Halle spielen. Reil aber, der der Stadt und Universität ein bleibendes Theater zu verschaffen wünschte, machte es möglich, daß ihm für diesen Zweck im Januar 1809 die alte Schulkirche unter Genehmigung der Casseler Staatsregierung durch den „Maire" der Stadt Halle überwiesen wurde. Zu großen Unwillen A. H. Niemeyers, Steffens', und vieler Bürger ist nunmehr dieser alte Bau zu einem Bühnengebäude umgestaltet worden; am 6. August 1811 wurde das neue hallische Theater, zu dessen Eröffnung Goethe einen berühmten Prolog verfaßt hatte, durch die Weimaraner Hofschauspieler unter Malcolmi's Leitung durch die Aufführung das „Egmont" festlich eingeweiht. —

Es bedarf kaum der besonderen Hervorhebung, daß weitaus die Mehrzahl der akademischen Lehrer als treue deutsche Patrioten den Druck der Fremdherrschaft bitter genug empfanden. Doch waren nur wenige so lebhaft in politische Befreiungspläne verwickelt, wie Steffens, der durch seine Berufung und (September 1811) rechtzeitige Abreise nach Breslau gerade noch der Abführung nach Cassel entging. Durch die neue westfälische Verfassung hatte die Universität die meisten ihrer alten Vorrechte eingebüßt. Allerdings hat Niemeyer, der seine Kanzlerstellung in ähnlicher Art, wie früher v. Hoffmann auffaßte, (dabei jedoch Professor blieb) durch humane Sinnesweise und praktischen Takt es möglich gemacht, daß die Regierung in Cassel die Ernennung eines jährlich wechselnden Prorektors und die Bildung einer „Generaldeputation des akademischen Senats" zuließ, welche etwa die Befugnisse des frühern Dekanatskollegiums hatte. Im Übrigen blieb der Universität nur die Handhabung der · akademischen Zucht „mit den hieraus folgenden rechtlichen Entscheidungen". Die alten Rechte der juristischen Fakultät als Spruchkollegium wurden 1808 wenigstens für das Königreich Westfalen aufgehoben. Dagegen sollte sie seit 1811 als Kassationshof für das vollständig französirte Herzogthum Anhalt Köthen wirken.

Der schwache Besuch der Universität ließ auch nur wenige der Hoffnungen in Erfüllung gehen, welche die verarmte Bürgerschaft auf ihre Wiederherstellung gesetzt hatte. Der Umstand aber, daß für viele Einwohner die Universität die einzige Existenzquelle geworden war, zog den Übermuth vieler der jungen Herren in wenig erfreulicher Weise groß. Mit Bedauern sehen wir auch, daß die alte Gegnerschaft zwischen den studentischen Verbindungen selbst jetzt manche sehr häßliche Erscheinungen ins Leben rief. —

Alle diese Schatten schwanden aber sofort, als die Elementargewalt der preußischen Volkserhebung im Frühjahr 1813 auch in Halle zu zünden begonnen hatte. Bis Ostern 1813 hatten, zum Theil unter erheblichen Schwierigkeiten, 212 Studenten die damalige Grenze des preußischen Staats überschritten, um sich in Schlesien (meistens) in das Lützow'sche Korps und in die Abtheilungen der freiwilligen Jäger einreihen zu lassen. Viele andere sind diesen später gefolgt. Von Vorlesungen ist während der nächsten Monate bis zum Spätsommer 1814 nur wenig die Rede gewesen. Wohl aber berührten viele der jungen Männer, die jetzt die Waffen trugen, die Stadt noch mehrmals während der Kämpfe bis zur Schlacht bei Leipzig. Als im Zusammenhange mit den großen bei Lützen sich abspielenden Kämpfen der feindlichen großen Armeen der preußische General von Bülow in den Morgenstunden des 2. Mai 1813 die von den Franzosen tapfer vertheidigte Stadt Halle zu erstürmen unternahm, stockte das gleichzeitig an drei Thoren tobende Gefecht, wie am innern Steinthore, so auch am Ulrichsthore in bedenklicher Weise. Da erinnerten sich zu rechter Zeit die anwesenden freiwilligen Jäger, die kurz zuvor noch als Studenten die Topographie von Halle und Neumarkt genau kennen gelernt hatten, an die Zugänge nach dem Parabeplatze von der Seite des „Jägerberges" her. Dieser Hügel und seine Gärten wurden in raschem Anlaufe genommen, die Franzosen in die Stadt gedrängt, das Ulrichsthor jetzt auch von Innen her mit Erfolg angegriffen. Der Eintritt aber so vieler Studenten in das preußische Heer und die Niederlage, welche Bülow den Franzosen damals bei und in Halle beibrachte, erregte den tiefsten Unwillen des Kaisers Napoleon I. und seines Bruders gegen Stadt und Universität. Napoleon beschloß, die Universität diesmal für immer zu zerstören. Unter dem 15. Juli erließ König Jérôme auf seinen Antrieb die Verfügung, welche die gängliche Vernichtung der alten Fridericiana aussprach. Die Professoren sollten je nach Umständen in den Ruhestand versetzt, den Francke'schen Stiftungen zugetheilt, oder nach Marburg und Göttingen gezogen werden. Die Vorlesungen mußten sogleich völlig eingestellt werden, die Professoren wurden einstweilen auf Halbsold gesetzt, der Besitz der Universität sollte an andere Universitäten und öffentliche Unterrichtsanstalten übergehen. Die große Wendung der Dinge auf dem Kriegsschauplatze, durch welche Napoleons Macht in Deutschland endgültig gebrochen und Jérôme genöthigt wurde, am 26. Oktober sein zusammensinkendes Reich für immer zu verlassen, hat auch die Ausführung jener Bestimmungen natürlich unmöglich gemacht.

In Droysens klassischer Biographie des Feldmarschalls York ist sehr anmuthig beschrieben, wie kurz vor dem Ausmarsch nach Möckern eine große Zahl von Freiwilligen, Landwehrmännern und Offizieren der Truppen Blüchers und Yorks, unter ihnen Steffens und viele frühere Studenten, auf dem Rathskeller einen Kommers abhielten; und wie nach dem theuer erkauften Siege, als York am 19. Oktober früh auf dem Marsche nach der Unstrut mit seinem Stabe bei Professor Schmelzer rastete, dessen Töchter den alten Helden mit einem Lorbeerkranze, seine Offiziere mit Lorbeerzweigen schmückten. In der Zeit aber der furchtbaren Noth, welche in der Stadt die Pflege der nach vielen Tausenden zählenden Verwundeten der Leipziger Schlacht und der Ausbruch des Lazarethtyphus erzeugte, erwarben sich hohen Ruhm durch ihre großartige Thätigkeit und Opferwilligkeit der aus Berlin herbeigeeilte Reil, der leider schon gegen Ende November 1813 den Anstrengungen erlag, und der unermüdliche Ehrenreich Maaß, derselbe, der vier Jahre später, 1817, in einer Zeit wirklicher Hungersnoth, seine reichen Kräfte noch einmal entfaltet hat.

Am 23. November 1813 traf inzwischen aus Frankfurt a. M. des Königs Friedrich Wilhelm III. Kabinetsordre vom 15. November ein, durch welche die unverzügliche Wiedereröffnung der Arbeiten unserer Universität genehmigt wurde, soweit sie das zunächst mit ihren eigenen Mitteln vermöge. Zunächst konnten freilich nur erst Vorlesungen angekündigt, und am 3. Januar 1814 einige derselben mit noch sehr kleiner Zahl von Zuhörern wirklich eröffnet werden. Erst das Wintersemester 1814/15, von Niemeyer am 19. Oktober 1814 durch eine kirchliche Feier würdig eingeleitet, fand wieder eine größere Zahl von Studenten in Halle versammelt. Weiter wurde am 22. Dezember 1814 ein jüngerer Mann nach Halle berufen, der für seine Fakultät die glänzenden Zeiten Fr. Hoffmanns und Reils wieder erneuern sollte. Es war der (1787 geborene) Braunschweiger Peter Krukenberg, der zuletzt mit großer Auszeichnung leitender Arzt im Lützow'schen Korps gewesen war. —

Für die folgende Zeit fällt nun das Hauptgewicht auf die Vereinigung der alten kursächsischen Wittenberger Fridericiana mit der jüngeren in Halle. Die Wittenberger Professoren hatten schon mehrere Jahre vor der durch den Wiener Congreß verfügten Theilung Sachsens lebhaft gewünscht, ihre Universität nach einer anderen Stadt des alten Kurstaats verlegt zu sehen. Zuerst die tiefe Verfeindung zwischen der Universität mit den städtischen Behörden, nachher die durch Napoleon gebotene Umgestaltung Wittenbergs in eine starke französische Festung, hatte zu einem Schriftwechsel mit der Regierung in Dresden geführt, der jedoch zu keinem Abschluß führte, weil die Wittenberger vor Allem einer Vereinigung mit dem ihnen seit Alters feindlichen Leipzig wiederstrebten. Darüber brach der Krieg d. J. 1813 aus. Die preußische Belagerung der Stadt Wittenberg führte zur Auflösung der Universität. Die nur noch geringe Zahl der Studenten verzog sich. Die Professoren aber suchten (bald nach Ostern) ein Asyl in dem benachbarten Städtchen Schmiedeberg, (wo auch als letzter die Wittenberger Doktorwürde Ernst Heinrich Weber erhielt, der Vater des Geh. Rath Theodor Weber). Als nachher das Schicksal des Kurstaats entschieden, der Anfall der Stadt Wittenberg an Preußen zweifellos war, zeigte es sich als durchaus unmöglich, in der neu zu gestaltenden preußischen Provinz Sachsen drei Universitäten (das verfallene Erfurt, das ebenfalls bereits früher sehr herabgekommene Wittenberg) und Halle zu erhalten. Daher entschied sich Friedrich Wilhelm III. zunächst „im Prinzip" (12. April 1815 und 6. März 1816) für die Vereinigung der Wittenberger mit der Hallischen Universität; in Wittenberg sollte zu einiger Entschädigung ein Predigerseminar gegründet werden. Nach längeren Vorarbeiten konnte dann am 12. April 1817 „das Regulativ" wegen der Vereinigung beider Universitäten erlassen werden. Diese selbst, — die freilich bei einigen wenigen der Wittenberger Docenten und bei den Bürgern der alten Elbstadt eine tiefe, bei den letzteren noch nach dreißig Jahren keineswegs gänzlich verschwundene Verstimmung zurückließ, — wurde am 21. Juni 1817 in schlichtester Weise vollzogen. Freilich waren nur noch sieben Wittenberger Professoren übrig, die wirklich zu den hallischen treten konnten. Die übrigen waren theils in den Ruhestand getreten, theils hatten sie andere Berufungen oder andere Stellungen angenommen, zwei waren gestorben. Die namhaftesten jener sieben waren der Theologe Michael We ber, der Jurist Ernst Pfotenhauer († 1843), Gottfried Gruber (geb. 1774 in Naumburg, † 1851), der berühmte Herausgeber der „Allgemeinen Encyklopädie der Wissenschaften und Künste", und der Zoologe Nitzsch († 1837). (Der junge Privatdozent der Philosophie, Wilhelm Gerlach, der die Wittenberger Bibliothek unter mancherlei Kriegsgefahren glücklich gerettet hatte, ist 1817 a. o., 1819 ordentl. Professor geworden; † 1864. Der Einführung jener Sieben in das Hallische Generalkonzil und ihrer Vereidigung, folgte ihre Theilnahme an der Wahl des neuen Prorektors; sie fiel auf Gruber, den das Vertrauen seiner Collegen fortan bis zum Ablauf des Amtsjahres 1820/21 für diese Stellung ausersehen hat. Wenige Monate später, — in derselben Zeit, wo die alte Stadt Halle mit ihren uralten Nebenstädten Neumarkt und Glaucha zu einer „Gesammtstadt" verschmolzen wurde, — konnte die neue Doppel-Universität an die Spitze der Feierlichkeiten treten, mit benen, (31. Oktober und 1. November 1817) in Halle die dritte Säkularfeier der Reformation begangen wurden.

Inzwischen waren auch (eine noch später zu berührende neue Beamtung ausgenommen) die Formen geordnet worden, in denen die Universität sich nachher bis 1854 bewegt hat. Die westfälischen Neuerungen verschwanden wieder, nur daß im Sinne der neuen Zeit die preußische Regierung die alten Vorrechte und den früheren Antheil an der Justiz der Universität nicht wieder zurückgab. A. H. Niemeyer blieb, wie bisher, thätiger Professor und zugleich Kanzler, — die Würde ist nach seinem Ableben nicht wieder verliehen worden. Thatsächlich hatte er die Geschäfte eines „ständigen Kommissars" des ressortirenden Ministers, im Wesentlichen die Geschäfte wahrzunehmen, wie sie seit Mitte des 19. Jahrhunderts dem Kurator der Universität zugetheilt sind. Dagegen hatte der alte Herr bereits i. J. 1816 das westfälische ständige Rektorat niedergelegt. Dafür wurden fortan wieder Prorektoren an die Spitze der Universität gestellt (zuerst seit dem 30. November 1816 der treffliche Maaß). Dieselben wurden alljährlich neu gewählt, unter Vorbehalt der Bestätigung durch den zuständigen Minister. Der Wahlkörper war dabei nicht mehr an den früher vorgeschriebenen Wechsel unter den Fakultäten und an die Rangfolge der Professoren im akademischen Conzil gebunden. Wiederhergestellt wurde auch (zum letzten Male) das Amt des Direktors der Universität. Am 2. Oktober 1817 ist Schmelzer dazu ernannt worden; er sollte hauptsächlich den Prorektor in Rechtsfragen berathen und für einen geordneten Geschäftsgang sorgen. Die Vorschriften endlich des preußischen Reglements vom 28. Dezember 1810 wegen Einrichtung der akademischen Gerichtsbarkeit hinsichtlich der Studenten (wie sie dann bis 1879 sich erhalten hat), war auch in Halle am 26. Januar 1815 eingeführt worden. —

Halle ist während der folgenden etwa 35 Jahre in weit ausgesprochenerer Weise als je zuvor „Schulstadt" gewesen. Abgesehen davon, daß der größte Theil der

Bürgerschaft — der es nur allmählig gelungen ist, den fast gänzlich zerstörten Wohlstand herzustellen, die Schulden der Kriegszeiten abzutragen, und neue Quellen des Reichthums sich zu eröffnen, — für längere Zeit in den großen Bildungsanstalten einen wesentlichen Faktor seiner materiellen Existenz fand, so nahm dieselbe bis gegen Mitte des 19. Jahrhunderts in einer früher nicht gekannten Weise an allen akademischen Angelegenheiten den eifrigsten persönlichen Antheil. Das gilt von dem Leben und Treiben der Studenten; das gilt in noch höherem Grade von den verschiedenen geistigen Kämpfen, wie sie weiterhin die Kreise der akademischen Lehrer bewegt haben, und auch von den führenden Persönlichkeiten an der Universität selbst. —

Zunächt zeigte es sich, daß unsere Fribericiana jetzt die starke Konkurrenz von Breslau und Berlin recht wohl auszuhalten vermochte. Die Zahl der Studenten, die bereits 1817 bis auf 608 gestiegen war, nahm unter mancherlei Schwankungen für längere Zeit sehr erheblich zu. Sie ist 1828 sogar bis auf 1330 gewachsen; sie betrug noch 1832 etwa 914. Nun aber richtete die asiatische Cholera bei ihrem ersten Weltgange in Halle grade i. J. 1832 sehr schlimme Verheerungen an. Seit dieser Zeit galt unsere Stadt — deren gesundheitliche Zustände damals allerdings unvergleichlich ungünstigere waren, als in der Gegenwart, — mit der in solchen Fällen üblichen, weit über jedes gerechte Maaß hinausgehenden Übertreibung, als eine der allerungesundesten in ganz Deutschland. Die Folge war ein starkes Sinken des Besuchs der Universität, die bereits 1835 nur noch 752, 1840 nur 686, 1850 nur 636, dann wieder 1860 immer nur erst 724 Studenten zählte, und namentlich durch die Blüthe von Heidelberg und Bonn erheblichen Abbruch erlitt. —

Sehr gelitten hat ferner in diesem Zeitalter das studentische Leben, und nicht bloß dieses allein, unter dem Drucke jener heillosen Verhältnisse, der ja überhaupt so viele der nationalen Hoffnungen hat verkümmern lassen, wie sie an dem edlen Aufschwung der Befreiungskämpfe sich für einige Zeit geknüpft hatten. Die jungen Männer, die aus den Kriegslager tiefernsten Sinnes zu den Studien zurückkehrten, wollten den alten Haber der früheren studentischen Verbindungen nicht wieder erneuern. Die große, 1814 gestiftete Verbindung „Teutonia" war eifrig bemüht, viele der alten Auswüchse des akademischen Lebens abzustellen, auf Zucht und gute Ordnung zu halten. Das Gefühl aber ihrer Macht entwickelte allmählich auch herrschsüchtige Neigungen, und die grausame Mißhandlung eines „Waisenhäusers", der trotz der Forderungen der stimmführenden Teutonen das schnöde Geschäft, die Erzeugnisse einiger durch „Nachdruck" verrufener Firmen auch in Halle zu verbreiten, nicht aufgeben wollte (28. Februar 1817), — erregte bei vielen selbständigen Studenten die tiefste Verstimmung. Der wüthende Gegensatz der durch den später als Dichter so berühmt gewordenen Immermann ins Leben gerufenen Gegenverbindung „Sulphuria" gegen die Teutonia erfüllte die Hörsäle und Straßen einige Zeit lang mit sehr häßlichen Auftritten. Unhaltbar wurde jedoch die Stellung der „Teutonia", weil auch sie bei den Oberbehörden in den Verdacht gerieth, eine Abzweigung der „deutschen Burschenschaft" zu sein, was sie jedoch thatsächlich nicht gewesen ist. Was nachher und weiter bis in das fünfte Jahrzehnt unseres Jahrhunderts auch in Halle wirklich „burschenschaftlichen" Charakter trug, unterlag andauernd — im Gegensatze zu der den Corps und den landsmannschaftlichen Verbindungen längere Zeit stillschweigend gewährten halben Duldung — bald der mißtrauisch feindseligen Überwachung, bald der unmittelbaren Verfolgung von seiten der Behörden. Die in dieser Beziehung wichtigste Stellung war seit dem Herbst 1819 die der „außerordentlichen Regierungsbevollmächtigten". Diesen Beamten wurde auf der einen Seite als „Kuratoren" neben den Befugnissen der früheren Kanzler die Verwaltung der Bibliothek, der Kliniken, die Aufsicht über die Kasse, und der Vermittelung des gesammten amtlichen Schriftverkehrs zwischen der Universität und dem zuständigen Minister übertragen. Auf der anderen Seite sollten sie, mit fast schrankenloser polizeilicher Macht ausgestattet, „die Begrenzung und Ausübung der akademischen Zucht" wesentlich in ihrer Hand haben, und zugleich den Geist und das Auftreten der akademischen Lehrer überwachen. In unmittelbarer Verbindung mit der Schöpfung dieser Beamtung, welche die Bedeutung der alten akademischen Ämter so zu sagen trocken setzte, stand die Ernennung (im November 1819) eines eigenen, mit großen Machtbefugnissen ausgestatteten, Universitätsrichters an Stelle des früheren Syndikus. In Halle regierte als a. o. Regierungsbevollmächtigter zuerst 1819—1828 der Viceberghauptmann von Witzleben, dem der bisherige Syndikus, Justizrath Dryander, als Universitätsrichter, 1819—1825 zur Seite stand. Nach Witzlebens Rücktritt wurde die Führung der in Rede stehenden Geschäfte bis zum November d. J. 1831 zwischen dem berühmten Juristen Professor Mühlenbruch und dem Kriminaldirektor Theodor Schultze getheilt, welcher (1825—1850) „im Nebenamt" Universitätsrichter war. Das ungetheilte Amt lag wieder 1831 1842 in den Händen des Geh. Regierungsraths Delbrück aus Magdeburg, und seit 1844 bis zur Aufhebung des Amtes der a. o. Regierungsbevollmächtigten (im Sommer 1848) in denen des Professors des Staatsrechts, Dr. jur. Pernice.

Von dieser Seite der akademischen Zustände abgesehen, so ist es für die Zeit seit 1817 bis 1847 oder eigentlich bis 1860 charakteristisch, daß jetzt das theologische Element, die theologischen Interessen das ganz entschiedene Übergewicht gewonnen haben. Auf diesem Gebiet spielten sich denn auch die heißen Geisteskämpfe ab, die damals das innere Leben der Universität hauptsächlich bewegt haben. Es handelt sich dabei in erster Reihe um die hartnäckigen Kämpfe zwischen der rationalistischen Schule und ihren allmählich siegreich ihr den Boden abgewinnenden neuen Gegnern. In Halle hatte an der Universität der Rationalismus in verschiedenen Schattirungen das vollständige Übergewicht behauptet. Neben dem milden alten Knapp († 1825) und dem aus Wittenberg übergesiedelten, ebenfalls hochangesehenen und friedliebenden Michael Weber, der (obwohl nicht ohne einige Abweichungen) den Standpunkt der Wittenberger Orthodoxie vertrat, standen andauernd A. H. Niemeyer, Wegscheider und Gesenius in höchstem Ansehen. Knapps trefflicher Schwiegersohn, der Kirchenhistoriker Thilo (1822—1853), stand ihnen nicht fern, und eine sehr kräftige Verstärkung erhielt ihre Schule in Halle noch einmal (1827) durch die Berufung des Dobrilugker Superintendenten Christian Friedrich Fritzsche, zunächst zum „Honorar"-Professor, 1830 zum ord. Professor in Halle. Im Ganzen war aber jetzt doch die Zeit gekommen, wo der Rationalismus dem Schicksal unterlag, — ähnlich wie im 18. Jahrhundert der alte Pietismus, aber unter weit nachdrücklicherer Gegenwehr — seine so lange behauptete vorherrschende Stellung zu verlieren. Nach dem Urtheil der Kritiker der Gegenwart wissenschaftlich ausgelebt, zu weiterer wissenschaftlicher Fortbildung mit seinen eigenen Mitteln nicht mehr im Stande, — bot die durch ihn bestimmte Art der Religiosität der Sehnsucht sehr vieler tiefer empfindender Gemüther seit längerer Zeit immer weniger Genüge. So ist es gekommen, daß die neuerdings an vielen Stellen erwachsene Gegnerschaft, die sich auch in Halle theils auf Schleiermacherschem, theils auf neupietistischem, theils auf „supranaturalistischem" Boden zu entwickeln begonnen hatte, mit großem Erfolge vorzudringen vermochte, als sie an der Fridericiana zunächst wieder einen überaus streitbaren Führer gefunden hatte.

Kurz vor dem tief und allgemein betrauerten Ableben A. H. Niemeyers (1828) hatte seit dem April 1826 der junge, 1799 zu Breslau geborene Professor August Tholuck in Halle seine Thätigkeit begonnen. Ein tüchtiger Kenner der orientalischen Sprachen, bereits als theologischer Schriftsteller berühmt geworden, geistig ebenso empfänglich als vielseitig, zum Kanzelredner in ausgezeichneter Weise befähigt, verband er in eigenthümlicher Weise eine stark asketisch gefärbte, pietistische Richtung mit schwer errungener Gläubigkeit. Es dauerte

nicht lange, so gewann die neue Bewegung in Halle
fühlbar an Boden, und in der akademischen Welt, wie
in der Bürgerschaft nahm man eifrig theils für, theils
gegen Tholuck Partei. Eine Zeit lang nahm dieser
Streit einen überaus gehässigen Charakter an, als der
Landgerichtsdirektor von Gerlach in Halle (später als
Führer der äußersten Rechten und als Stahl's Freund
soviel genannt) zu Anfang d. J. 1830 in der „Evangelischen Kirchenzeitung" des Berliner Professors Hengsten-
berg einen überaus heftigen Vorstoß gegen die Lehre
und die Lehrweise der Professoren Wegscheider und
Gesenius unternahm, und dadurch — was zu erreichen
ihm dann aber nicht gelang — ein Einschreiten der
Staatsregierung gegen die Hallischen Rationalisten herbei-
zuführen suchte. Der litterarische Streit ist namentlich
zwischen Tholuck und den beiden Fritzsche, (dem Hallenser
und seinem Sohne, K. Fr. August, in Rostock, geführt
worden. Die Gegensätze und Kämpfe des folgenden
Jahrzehnts, bei denen hauptsächlich des geistvollen Karl
Schwarz, — der noch „um die spekulative Entwicklung der Lehre Schleiermachers bemüht war", — und
der ausgedehnte Kreise von Geistlichen und Laien er-
greifenden Bewegung der „protestantischen Freunde" zu
gedenken ist, berühren wir nur noch in aller Kürze. In
seiner Fakultät ist Tholuck, der auch in andern Fakultäten
einflußreiche Gesinnungsgenossen fand, und schrittweise
immer stärkeren Einfluß auf die studirenden Theologen
und die Geistlichkeit der Provinz gewonnen hat, allmählich
zum Übergewicht gelangt. Die alten Führer der rationalistischen Schule starben: Gesenius 1842, Wegscheider 1849, Fritzsche 1850. Dagegen waren ihm seit

1839 der befreundete Dogmatiker Julius Müller († 1878) und 1843 der Marburger Orientalist Hupfeld († 1866) zur Seite getreten. Da Tholuck, der für die verschiedensten kirchlichen und theologischen Richtungen und Gestaltungen Interesse und feines Verständniß hatte, an dem schroffen, harten „Konfessionalismus", wie er sich in vielen Theilen Deutschlands seit den mittleren Jahrzehnten des 19. Jahrhunderts wieder entwickelt hat, keinen Gefallen fand, so erschien er weiterhin in einer gewissen Mittelstellung. Die Späteren haben ihn ganz besonders als eifrigen Pfleger des Gustav-Adolf-Vereins und mit Julius Müller als Vertheidiger der schwer bedrohten „Union" kennen gelernt. (Er starb 1877).

Der Kampf gegen die Union in ihren ersten Zeiten war es dagegen, was dem Auftreten des als Kirchenhistoriker geschätzten Guericke (1829—1878 a. o. Professor) den charakteristischen Zug verliehen, ihn aber auch für mehrere Jahre (1835—1840) aus seiner akademischen Stellung herausgedrängt hat. —

In derselben Zeit, die bisher skizzirt wurde, haben die übrigen Fakultäten keineswegs hervorragender Persönlichkeiten entbehrt, welche die trefflichen Veteranen, die 1817—1833 nach einander abstarben, würdig ersetzten. Von diesen waren Maaß 1823, Knapp 1825, von Jakob, der nach seiner Rückkehr nach Halle sich ganz den Staatswissenschaften zugewandt hatte, und Hoffbauer 1827, Niemeyer und Ersch 1828, Schütz 1832, Sprengel und Michael Weber 1833 verstorben. Nun aber zeigt die neue Zeit seit 1817 (bis herab auf die unmittelbare Gegenwart) die charakteristische Erscheinung, daß vergleichsweise nur eine kleinere Zahl der neu antretenden

Professoren, auch der Ordinarien, für Lebenszeit der Friedericiana angehört haben. Weit größer ist die Zahl derer, die nur in den Anfängen ihrer Laufbahn in Halle verweilten; groß ist auch die Reihe jener, die nach einer längeren Zeit glänzender Thätigkeit in Halle wieder nach anderen Universitäten berufen worden, oder auch leider frühzeitig gestorben sind. Besonders raschem Wechsel war die juristische Fakultät unterworfen. Drei namhafte Männer, welche auch in Halle eine bedeutsame Stellung eingenommen haben, sind ihr zunächst in der ersten Hälfte des hier geschilderten Zeit nur für wenige Jahre erhalten geblieben: Mühlenbruch 1819—1833, Friedr. Blume 1823—1831 und Laspeyres 1831—1844. Dasselbe wiederholte sich nachher ohne Aufhören. Aus der reichen Fälle der Persönlichkeiten, welche kürzere oder längere Zeit dieser Fakultät damals angehört haben, seien namentlich hervorgehoben, Wilda 1831—1842, der Kriminalist Henke 1833—1856, der Züricher gelehrte Romanist Keller „von Steinbock" 1843—1847, und weiter der berühmte Karl Georg Bruns 1851—1859, des großen Berliner Philologen Bekker Sohn Ernst Immanuel 1885 bis 1857, dann der Staatsrechtslehrer Wippermann 1844—1848, für deutsches Recht und Prozeß Wunderlich 1847—1850, endlich für deutsches Recht seit 1852 P. J. Merkel, der 1861, und für Kirchenrecht seit 1844 Otto Göschen, der 1865 starb. Während einer langen Reihe von Jahrzehnten haben dagegen der Universität dauernd angehört der (1799 in Halle geborene) Staatsrechtslehrer Pernice, der seit 1822 a. o., seit 1825 ordentlicher Professor war, und diese Stellung bis zu seinem Tode 1861 bekleidet hat;

nur daß seine Lehrthätigkeit während der Zeit seiner Stellung als a. o. Regierungsbevollmächtigen geruht hat, und Karl Witte. Dieser nun, der 1800 als Sohn eines Landpredigers in Lochau bei Halle geboren war, ist 1834 von Breslau als ordentl. Professor nach Halle versetzt worden, wo er, zu den Patriarchen der Universität zählend, bis 1883 gelebt und gewirkt hat. Die Späteren unter unsern Zeitgenossen kannten und schätzten ihn vor allem als einen der besten Kenner Italiens und als einen ausgezeichneten deutschen Dante-Forscher. —

In der medizinischen Fakultät behauptete das kanonische Ansehen Peter Krukenberg, der (1822 bis 1856 ordentl. Professor, † 1865) als ausgezeichneter Kliniker und in Halle, wie außerhalb dieser Stadt vielgesuchter Arzt durch die fast unfehlbare Sicherheit seiner Diagnose, wie durch die Unermüdlichkeit seiner Thätigkeit, die durch keine Ruhepausen, durch keine Ferien unterbrochen wurde, sich einen unvergeßlichen Namen erworben hat. Neben ihm sind namentlich der Chirurg und Augenarzt Dzondi (seit 1811, † 1835), der Chirurg und Anatom Friedrich Meckel, des berühmten Gynäkologen Sohn, (seit 1806 a. o., seit 1808 orb. Professor, † 1833), der Chirurg Ernst Blasius (seit 1830 a. o., seit 1834 bis 1871 orb. Professor, † 1875), der Gynäkologe Hohl 1832 a. o., 1834 orb. Professor, † 1862), der Professor der Anatomie Eduard d'Alton, 1834—1854, ein Schwiegersohn des großen Berliner Künstlers Daniel Rauch, der durch den Baumeister Strack die schöne, später Dümmlersche Villa am (ehemaligen) Schimmelthore erbauen ließ, ferner Ludwig Friebländer (1819—1851), der auch mit der Geschichte seiner Wissenschaft und seiner

Fakultät sich litterarisch beschäftigt hat, namentlich aber der Professor der Physiologie und Anatomie Alfred Volkmann (seit 1844, † 1877), und zwar nicht bloß als Vater seines großen Sohnes Richard, und Ludwig Krahmer (seit 1845, † 1893), Professor für Arzneimittellehre und gerichtliche Medizin, noch gegenwärtig in weiteren Kreisen wohlbekannt. —

Unter den vielen Gelehrten der verschiedenen Zweige der philosophischen Fakultät reicht die Lebenszeit des berühmten, längere Zeit sehr einflußreichen, Vertreters der Hegel'schen Philosophie, des 1805 in Livland geborenen Johann Eduard Erdmann, der in Halle 1836 a. o., 1839 ordentl. Professor geworden ist, bis in die jüngste Zeit hinein. Er starb erst 1892, während seine nähern Fachgenossen, Wilhelm Hinrichs (in Halle seit 1824) bereits 1861, Julius Schaller (1838 a. o., 1861 ord. Professor) 1868, und Hermann Ulrici (1834 a. o., 1862 ord. Professor) 1884 ihr Leben beschlossen haben. Unter den Vertretern des nächstangrenzenden Faches, der Mathematik und der Astronomie, hatte der nur während der Jahre 1826—1833 der Fridericiana angehörende Scherk eine vielversprechende Laufbahn begonnen. Sein Kollege dagegen August Rosenberger (1800 in Kurland geboren), der seinen wissenschaftlichen Ruf durch die Berechnung der Bahn des Halley'schen Kometen begründet hatte, (1826 a. o., 1831 ord. Professor), zählte später zu den Veteranen der Universität, — er ist erst 1890 gestorben. In gleicher Weise gehörte mehrere Jahrzehnte lang ihrer Fakultät die rüstige Arbeitskraft mehrerer berühmter Vertreter der Sprachwissenschaft. Nachdem ein vorzeitiger Tod (1829) die Hoffnungen geknickt hatte, die mit Recht auf die geniale Kraft eines der besten Schüler Gottfried Hermanns, des jungen thüringer Philologen Karl Reisig (geb. 1792 zu Weißensee, in Halle 1820 a. o., 1824 ordentl. Professor) gesetzt wurden, sind in unserer Fakultät die maßgebenden Philologen gewesen: Eduard Meier (geb. 1796 in Glogau, seit 1824 ordentl. Professor, bis zu seinem Tode 1855, und Gottfried Bernhardy (geb. 1800 in Landsberg a. d. Warthe), seit 1829 ordentl. Professor. Dieser letztere, dessen ungeheuere Arbeitskraft und geistige Frische erst 1875 durch schwere körperliche Leiden gebrochen wurde, überdauerte auch die Wirkungszeit von zwei andern Philologen berühmten Namens, die aber durch frühzeitig eintretendes Siechthum gehindert worden sind, in Halle ihre reiche Kraft noch weiter voll zu entfalten. Wir meinen den 1843 aus Athen berufenen Archäologen Ludwig Roß, der 1859 starb, und den 1857 aus Freiburg berufenen Theodor Bergk, der 1867 auf seine Hallische Thätigkeit verzichtete; († 1881.) Neben diesen Männern zählte andauernd zu den Zierden der Fridericiana ein Schüler Bopps, der Hannoveraner August Friedrich Pott (geb. 1802, 1833 a. o., 1838 ord. Professor), der bis zu seinem Tode 1887 unserer Universität angehört hat, während der Orientalist Emil Rödiger (1830 a. o., 1835 ordentl. Professor), 1860 einem Rufe nach Berlin gefolgt war.

Auf dem Gebiete der Geschichte hatte die hallische Universität seit v. Ludewig und Gundling eigentlich keine Vertreter wieder gehabt, deren Schriften und Ruf den Ausgang des 18. Jahrhunderts in weiteren Kreisen überlebten. Anders stand es in den mittleren Jahrzehnten des 19. Jahrhunderts, wo nach und neben einander zwei

Männer beliebte und einflußreiche akademische Lehrer waren, die zugleich, in allen Dingen verschieden, seit dem Eintritt der Zeit, wo die lebendige Theilnahme an den großen politischen Staatsfragen in allen Kreisen der deutschen Nation in den Vordergrund trat, als politische Stimmführer, der eine auf der äußersten Rechten, der andere bei der gemäßigt liberalen Partei, eine bedeutende Rolle gespielt haben. Wir meinen natürlich Heinrich Leo, (geb. 1799 in Rudolstadt, in Halle 1828 a. o., 1830 ordentl. Professor, † 1878), und Max Duncker, (geb 1811 zu Berlin, in Halle 1839 habilitirt, 1842 a. o. Professor, der 1857 zunächst einen Ruf nach Tübingen annahm.) Als Professor für Staatswissenschaften endlich stand seiner Zeit in gutem Ansehn der 1785 in Rothenburg a. d. Saale geborene Gottfried Eiselen, auch als Historiker des Lützowschen Korps bekannt, der, wie in der akademischen, so auch in der städtischen Verwaltung geschätzt, von 1829 bis zu seinem Tode 1865 als ordentl. Professor in Halle gewirkt hat. Ein reich begabter Forscher endlich unter den verschiedenen Vertretern der Naturwissenschaften, der frühzeitig berühmt gewordene Zoologe Burmeister, der 1837 a. o., 1842 ordentl. Professor geworden war, stellte seine Kraft seit 1861 bis zu seinem Tode 1892 in den Dienst eines südamerikanischen Staates, nämlich Argentiniens.

Mittelpunkt des akademischen Lebens war seit 1834 nicht mehr wie früher so lange die Wage am Markt. Vielmehr ist es die letzte Wohlthat gewesen, die A. H. Niemeyer der Universität erweisen konnte, daß sein Einfluß den König Friedrich Wilhelm III. bestimmte, auf Veranlassung der funfzigjährigen Jubelfeier

(1827) des greisen Kanzlers eine für jene geldarme Zeit hochbemessene Summe zur Erbauung eines selbständigen Universitätsgebäudes zu bewilligen, die freilich nachher noch erheblich überschritten worden ist, ohne daß doch mehr als der große Mittelbau des Schinkelschen Bauplanes wirklich zur Ausführung gelangt ist. Der Platz wurde durch Ankauf und Abbruch des Reil'schen Schauspielhauses und der benachbarten Grundstücke gewonnen. Die Grundsteinlegung erfolgte am 3. August 1832 unter Pernice's, die Einweihung unter des Mineralogen Germar Prorektorat am 31. Oktober 1834. Damit begann die Reihe neuer akademischer Bauten, die namentlich für das letzte Menschenalter der Geschichte der Universität so angenehm charakteristisch geworden sind. Doch sei neben der Erinnerung an die Erbauung der Krukenberg'schen Klinik am Domplatze 1839/42, die jetzt wesentlich den Zwecken der Leopoldina-Carolina dient, für die Gegenwart nur der neuen Bibliothek (1878/80), der neuen klinischen Bauten auf der Ostseite der Stadt (1875/91) und des neuen archäologischen Museums gegenüber der Universität (1891) gedacht. —

Wir können nicht daran denken, diese Skizze bis in die letzten Jahrzehnte unseres Jahrhunderts hinein fortzuführen. Es genüge eine kurze Erinnerung an das Jahr 1848, unter dessen Stürmen die große Mehrzahl der Studenten, im Spätsommer und Herbst auch als bewaffnete Schaar, mit großer Tapferkeit den revolutionären Elementen in der Stadt die Spitze bot. Weiter aber die Bemerkung, daß durch die Revision der Statuten v. J. 1854 die Verfassung der Universität verschiedene, noch heute geltende Veränderungen erfahren hat. An die Stelle des durch das Generalkonzil gewählten Prorektors ist fortan ein Rektor getreten. Das Generalkonzil führt nicht mehr wie früher die Verwaltung. Dafür wurde ein Senat aus zwölf Mitgliedern gebildet: diese sind der Rektor, sein unmittelbarer Vorgänger (jetzt Prorektor genannt), die vier Dekane, der Universitätsrichter, und fünf vom Generalkonzil gewählte Mitglieder, von denen jedes Jahr drei ausscheiden. Alle drei Monate hat der Rektor das Generalkonzil zu berufen und diesem von den Verhandlungen des Senats in der Zwischenzeit Mittheilung zu machen. Das Amt des Direktors ist nach des alten Schmelzers Ableben (1842) nicht wieder besetzt worden. Das Spruchkollegium endlich der juristischen Fakultät, dessen letzter „Ordinarius" Karl Witte gewesen ist, hat seit 1879 nicht weiter fungirt. —

Das frische, neue Aufblühen der Universität beginnt um 1860. Anf der einen Seite wurde mit derselben ein unter des Professors Julius Kühn schnell kräftig emporwachsendes, großartiges landwirthschaftliches Institut (1862—1863) unmittelbar verbunden. Auf der andern Seite wurde seit dieser Zeit durch zahlreiche neue Berufungen, die theils der Deckung zahlreicher Lücken des Personalstandes, theils dessen Verjüngung, theils auch der selbstänbigen Besetzung wichtiger Spezialfächer galten, die Zahl der Lehrkräfte schrittweise sehr erheblich vermehrt. Dementsprechend ist auch die der Privatbocenten in der Gegenwart in einer Weise gestiegen, wie noch niemals zuvor. Amerika ausgenommen, so findet jeder Zweig der deutschen Nation diesseits und jenseits unserer Reichsgrenzen unter den akademischen Lehrern der Fridericiana seine Vertreter. Die Zahl der Studenten, die

1860 nur 724 betragen hatte, war 1870 auf 841, 1880 auf 1129, 1890 auf 1603 angewachsen; sie überschreitet jetzt in der Regel die Höhe von 1500. —

Die auch in ihrem äußeren Umfange im Laufe der drei letzteren Jahrzehnte erheblich erweiterte Stadt Halle hat seit längerer Zeit aufgehört, den Charakter einer reinen Schulstadt zu tragen. Ihr neues materielles Gedeihen hat aber keineswegs ungünstig auf die Bildungsanstalten in ihren Mauern eingewirkt. Im Gegentheil ist diesem Gedeihen eine immer kräftigere Pflege dieser Anstalten, vor Allem der Universität, zur Seite gegangen, und auch an fruchtbringender gegenseitiger Einwirkung hat es zu keiner Zeit gefehlt.